# 元宇宙时代

通证一哥 ◎ 著

人民邮电出版社
北京

图书在版编目（CIP）数据

元宇宙时代 / 通证一哥著. -- 北京：人民邮电出版社，2022.3（2023.12重印）
ISBN 978-7-115-58584-4

Ⅰ．①元… Ⅱ．①通… Ⅲ．①信息经济－通俗读物 Ⅳ．①F49-49

中国版本图书馆CIP数据核字(2022)第019009号

## 内 容 提 要

元宇宙是平行于现实宇宙的虚拟宇宙，其基于Web3构建，或将成为未来人类文明的重要形态。元宇宙融合了区块链、AR/VR、5G、AI等前沿技术，旨在媲美真实世界的沉浸式体验，同时为未来商业发展提供巨大的想象空间。

本书第1章从宇宙和人类文明的本源说起，阐述了元宇宙时代到来的必然性；第2章重新审视并深入解读了"元宇宙"；第3章和第4章详细讲解元宇宙涉及的"软技术"和"硬技术"等前沿科技，帮助读者深入了解相关技术；第5章详细论述元宇宙形成的两种方式——自上而下和自下而上；第6章描述元宇宙的应用场景，包括社交、娱乐、生活和产业等；第7章探讨元宇宙的治理方式DAO及其运作方式；第8章对未来元宇宙中人的终极形态做了猜想：缸中之脑或者半机械人。

本书凝聚了作者多年研究成果和认知总结，由浅入深、层层递进，可读性强，适合广大元宇宙、区块链从业者和爱好者阅读。

◆ 著　　　　通证一哥
　　责任编辑　秦　健
　　责任印制　王　郁　焦志炜

◆ 人民邮电出版社出版发行　北京市丰台区成寿寺路11号
　　邮编　100164　电子邮件　315@ptpress.com.cn
　　网址　https://www.ptpress.com.cn
　　涿州市般润文化传播有限公司印刷

◆ 开本：720×960　1/16
　　印张：14　　　　　　　　　　　　2022年3月第1版
　　字数：189千字　　　　　　　　　2023年12月河北第4次印刷

定价：69.80元

读者服务热线：(010)81055410　印装质量热线：(010)81055316
反盗版热线：(010)81055315
广告经营许可证：京东市监广登字 20170147 号

当你睁开眼睛时,世界因你睁眼而改变!

———

RECOMMEND 推荐语

（本推荐语排名不分先后）

元宇宙混沌初开，众"神"喧哗。有的突出是通往下一代互联网的新入口（比如 XR 和脑机接口等），有的强调是基于区块链的数字经济新形态（比如 Web3 和 DAO 等），有的认为是虚实结合的新体验（比如游戏和教育等）。我们对于新概念都应保持一种开放的心态，从不同维度探索和丰富。我很欣赏《元宇宙时代》对未来很富想象力的思考、洞察和见解，以及不黑不吹的态度。

——中国信息通信研究院云计算与大数据研究所所长　◎何宝宏

元宇宙不能仅仅被定义为一门技术，它是未来人类文明的超级形态。真正的元宇宙，不是靠互联网巨头构建的，它是基于 DAO 组织诞生和演化的。正如中国古代文化中所描述的"道生万物"一样，DAO 也可以生出元宇宙中的万物。随着 Web3 的不断发展，以及 DAO 组织的不断演化，元宇宙时代必将来临！通证一哥的新书《元宇宙时代》采用自下而上的视角，从宇宙和人类文明的本源说起，详细阐述了元宇宙的全貌，为元宇宙爱好者和创业者厘清了思路、指明了方向，值得一读！

——天使投资人　◎蔡文胜

从本质上说，元宇宙由两方面组成。一方面是让虚拟世界看起来更加真实的 VR、AR 等 XR 技术，另一方面是以区块链为基础的加密经济。当前，XR 技术已经具备一定成果，并且 5G、AI 的发展为其提供了底层支持。重要的是，随着 Web3 的蓬勃发展，DAO 组织的持续演进，加密经济如星星之火，具有了燎原之势。由此看来，元宇宙时代来临已是必然之势。元宇宙不仅仅是虚拟现实，而是虚实相生的新的文明形态。通证一哥的《元宇宙时代》一书全面且系统地讲解了元宇宙的必然性及其形成过程，以全新的角度阐述了元宇宙的本质内核，是一本不可多得的佳作，值得一读。

——Dragonfly Capital 创始人　◎冯波

人类始终未停下对外探索的步伐，从物理层面、意识层面到哲学层面。很多人对于元宇宙的真实性、效果以及现阶段的技术发展是否足以支撑我们理想中元宇宙的应用存有疑虑，应该说，它的确离高沉浸式场景还有很长一段路要走。然而，这并不影响你去拥抱这种新形式并了解这项伟大的事业。从长远来看，元宇宙将会是人类文明的一次重大更迭。作为这场变革的参与者和未来世界的探索者，我们希望更多的人能开放固有思想，从意识上解放自己，并获得充盈的体验，感受科技的无限可能和创新给予的神奇魅力。

——Cobo 联合创始人　◎神鱼

2021年是元宇宙元年。从Roblox的上市到Facebook的更名，再到区块链领域NFT板块的火热，这些都在向我们传递一个信息：这是一次比Web 2.0时代的互联网更迅速、影响更深远的产业变革。《元宇宙时代》从信息技术和人类协作的演进史出发，向我们描绘了元宇宙的全貌，书中既有对区块链和感知交互技术的解读，也有对Land、GameFi、DAO等热点的洞察，推荐大家一读。

——Nano Labs创始人　◎孔剑平

就本质而言，元宇宙是现实世界在数字世界的反映。它不是一个虚拟事物，而是把现实社会的本质提取出来，形成一个抽象的社会。元宇宙并没有脱离社会的真实性，就像股票价格走势K线图是公司经营状况的反映一样。通俗地说，K线图和证券市场其实就是公司和现实经济的"元宇宙"。

此外，元宇宙不仅仅是一门技术，更是一种人人向往的文明形态。元宇宙包括了技术、经济乃至社会治理等现实世界具有的各种要素。从某种意义上说，元宇宙汇集了人类社会有史以来所有的科技和文明成果，它是一个"大成智慧"。《元宇宙时代》这本书从多种角度阐述了元宇宙的商业发展逻辑，说明了元宇宙的真正价值内核，是一本值得一读的佳作。

——新三板元宇宙首席专家　◎程晓明

Roblox上市引发了元宇宙大热，看似偶然，实则是人类文明发展的必然。人类之所以能够超脱于其他动物，本质原因是人类懂得虚构现实，而元宇宙就是人类虚构世界的极致产物。元宇宙汇集了人类所有的科技和文明成果。毫无疑问，在元宇宙中，人类文明将得到重大迭代和高度升华。通证一哥所著的《元宇宙时代》提纲挈领、深入浅出地描绘了元宇宙生态全貌，深度阐述了元宇宙的真正价值，是一本不可多得的佳作。

——区块链经济学者，中国通信工业协会区块链专委会终身副主任
◎朱幼平

元宇宙是一个呈指数级增长的虚拟世界，人们可以在其中创造属于自己的世界，以他们认为合适的方式适应来自物理世界的经验和知识。元宇宙更关心社区而不是利润，并将社区用于连接现实世界和虚拟世界。这是一个模糊的、数字混合的现实世界，具有不可替代和无限的项目和角色，不受传统物理和限制的约束。这是一个生活的各个方面都能够实现互动的世界。

元宇宙是人们梦寐以求的结缔组织，但直到最近人们才拥有可以实现它的基础设施。这是一个持久的、实时的数字世界，为个人提供代入感、社会存在感和共享空间意识，以及参与具有深远社会影响的广泛虚拟经济的能力。每个人都将完全拥有一个真正的数字孪生。这样我们就可以在现实世界和虚拟世界之间穿梭，并且永远保持我们自己。看完这本书，你将会产生期待这个令人激动的未来早点来到的感觉。

——快贝CEO　◎张红

元宇宙浪潮来袭，无人能够幸免！早在几千年前，庄子就提出了"庄周梦蝶"，这可谓世界上最早关于元宇宙的哲学理念。一直以来，人们对虚拟世界的追求孜孜不倦，渴望在新的世界中获得现实世界无法满足的自由和自我价值实现。区块链和加密经济的蓬勃发展是元宇宙形成的关键要素，再加上XR、5G、AI等技术已经初具成果，元宇宙的实现不再是遥不可及的梦想！通证一哥的《元宇宙

时代》不同于市面上的一般书籍，它从自下而上的用户视角全面阐述了元宇宙的生态全貌和价值内核，是一本不错的元宇宙读物。

——蓝港互动创始人 ◎王峰

时代的变革、技术的革新、科技的驱动让我们这一代人体验了5G、物联网、AR/VR、人工智能、区块链等技术所带来的全新世界，而未来人类必将走进元宇宙的时代。通证一哥的《元宇宙时代》向大家清晰地阐述了元宇宙及其价值生态以及元宇宙重要的支撑DAO组织体系。

——中国民促会区块链专委会秘书长 ◎孙永强

元宇宙往小了说是各类产品和服务的体验升级，往大了说是人类的数字化生存空间，必须引起重视。本书以旁征博引、深入浅出的笔触介绍了元宇宙的前世今生和未来，足以满足读者的好奇心和求知欲，值得一读。

——区块链商业顾问、《九章链术》作者 ◎陈军

元宇宙作为一个科幻概念走向流行，其背后的逻辑推演值得我们深思。随着全球互联网渗透不断加深，沉浸式的虚拟世界体验不断扩大在人们现实生活中的占据比重，用户也不断提出更加丰富具体的需求。元宇宙作为虚实结合的技术集合体，实的一面，通过区块链及数字孪生等技术将现实身份在多重虚拟世界中一一对应；虚的一面，元宇宙不只是现实世界的翻版，而且能重造现实中的"不满"。本书详尽地剖析了集成元宇宙的软件技术组合与硬件基础设备，阐释了元宇宙从概念走向应用的发展规律，畅谈了未来元宇宙对社会结构的重新塑造，深入浅出地介绍了互联网下一代发展目

标——"元宇宙"。这本书值得大家细细品读。

——深圳市信息服务业区块链协会会长　◎郑定向

当下，随着元宇宙概念的火热，互联网巨头争先恐后布局元宇宙。从零售到科技，再到地产，火热异常。不但各路资本纷纷加入，企业也想借助这条全新的赛道杀出重围，重获新生。但元宇宙作为一条全新的赛道，所需技术之多，涵盖行业之广，给我们带来了许多困难和迷茫。元宇宙所需的尖端技术是前所未有的，它将会是人类历史的新篇章。

元宇宙将建立一个平行于现实世界的虚拟世界，打通现实世界与虚拟世界的链接，保护经济终端的数据安全，甚至带来全新的经济体系和协作机制。

《元宇宙时代》一书首先从宇宙本源及人类文明的本质方面剖析了人类社会进入元宇宙时代的必然性。它从更高的维度对元宇宙做了合理解释。同时从用户的视角，用浅显易懂、接地气的语言阐述了元宇宙。书中通过大量案例深入浅出地阐述了 AR 等前沿科技，帮助用户深入了解这些技术。

难能可贵的是，这本书提出了目前互联网巨头和资本这些传统力量自上而下构建元宇宙过程中往往忽略的重要一点——来自用户和社区的底层力量，即元宇宙自下而上的构建方式。同时这本书深度讲解了 DAO 作为未来元宇宙治理方式的重要性以及 DAO 的治理和运作方式。

这本书在最后的内容中对元宇宙的未来进行了大胆猜想，可以引发读者对元宇宙更多思考。我相信唯有对元宇宙的本质理解非常透彻的人，才能深入浅出地写就这样的篇章，方能如庖丁解牛般地解构元宇宙的奥秘,方能远观元宇宙的发展前景。相信读者观后,亦有感悟!

当然,元宇宙距离成熟还有很长的一段路要走,市场可能还需要"付出"一些学习成本。但无论如何,拥抱未来的参与者不能错过学习和了解元宇宙的机会,甚至应该主动尝试参与。我觉得通证一哥的这本书将是了解和认识元宇宙的优秀途径。

——陆旗投研公会总顾问　◎韩宁

大家根据自身的理解阐述了时下热门概念"元宇宙"的定义及未来。元宇宙要从科幻演进为科学理论,从科研转化为商业成果,无疑还有很长的一段路要走。一个新事物的形成必然需要依靠社会的全力支持,目前5G、数字经济、大数据、云计算、人工智能、区块链等技术的极大发展推动了元宇宙的诞生。《元宇宙时代》从多个角度深入浅出地介绍了元宇宙,非常符合当下情况。希望更多的人关注科学前沿,关注元宇宙,关注通证一哥的新书!

——深圳市5G产业协会副秘书长　◎郭晓岩

元宇宙真的火了!虚拟世界和现实世界深度融合的场景会是什么样?《元宇宙时代》带你深度解读元宇宙。这本书将帮助你在大脑中呈现出元宇宙世界的雏形。我们更加期待这个充满未知和惊喜的世界!

——A5站长网总经理　◎唐世军

一个时代的来临,必然会产生无数新的际遇。《元宇宙时代》一书系统阐述了元宇宙的必然性、元宇宙雏形的技术实现路径和未来蓝图。元宇宙不容错过,因为元宇宙时代必然会来临。

——MONSTER CAPITAL创始人　◎茅泽民

元宇宙是一个大的应用场景实现。而实现这个场景需要更多的技术、更深层次的内容、多元化的互联网应用以及创新商业模式的融合和配合。元宇宙将会形成一种新的生活形态，对此我们毫无疑问。通证一哥的《元宇宙时代》详细剖析了元宇宙的前世今生，论述了传统互联网与元宇宙的关系以及 DAO 的作用机制。这是一本由浅入深了解元宇宙的图书，可以帮助读者正确认识元宇宙，进而一起开发元宇宙！

——德丰杰龙脉基金合伙人　◎王岳华

毫无疑问，元宇宙是未来几年科技创新与互联网革命的又一华彩篇章。现阶段，尤其需要相关技术与产业的专业人士对市场进行启蒙。通证一哥作为企业管理与营销专家，厚积薄发，他精心撰写的这本书值得力争先机的朋友一读。

——零碳元宇宙智库MetaZ创始人、得到"元宇宙12讲"主理人
◎陈序

在当前阶段，元宇宙尚未存在一个明确清晰的定义，而且业界尚未完成其核心理论的统一认知，因此，大众对元宇宙一知半解，无法深刻理解元宇宙带来的巨大变革的力量。

元宇宙作为人类文明的数字栖息地，其历史意义不亚于地理空间大发现。元宇宙之所以能够成为全球舆论的一个焦点，其中一个关键在于元宇宙具备现实意义的超越性，人类将借助元宇宙彻底重构人类文明的发展路径。

虚拟世界并不代表元宇宙，VR、AR 等技术所呈现的仅仅是元宇宙的视觉前端。从技术实现层面说，元宇宙是多项前沿技术的大融合；从思想理论层面说，元宇宙是人类重新发现构造万物秩序

的第一性原理。"元"字具有太初之始的含义，这使得"元宇宙"更具有中国智慧的发展特征。

通证一哥所著的这本《元宇宙时代》几乎囊括当前业内对元宇宙的全局认知，从历史理论、技术路径到产业生态等，尽可能全方位地介绍元宇宙的概念、具体实现以及应用。无论是从业者，还是兴趣小白，《元宇宙时代》这本书不失为当前阶段入门和了解元宇宙的教科书。我相信，阅读完这本书的读者一定会对元宇宙的存在，以及其是如何构建实现的，有一个更加深刻的认识。

——讴谱科技产品负责人　◎VION WILLIAMS

通证一哥的《元宇宙时代》一书最后篇章介绍的"缸中之脑"猜测，引人深思。这是一本既有理论基础，又有大量前沿技术剖析，同时兼具思考深度的佳作。

——榴链智能创始人　◎韩巍

计算机技术的发展，特别是区块链、沉浸式感官技术以及脑机接口技术的出现，让人类着手构建一个与物理世界平行的数字世界——元宇宙成为可能。元宇宙也即将推动哲学、社会学甚至人文科学体系的突破。如果平行宇宙真的存在，那么元宇宙将会成为介于现实世界和平行世界之间的另一种多元宇宙形式。元宇宙也可能是人类最接近平行宇宙甚至最有可能与平行宇宙互通的多重宇宙形式之一。因此，它终将为人类文明的探索打开新的篇章。

我们期待着一个有关元宇宙与人类文明的探索热潮。《元宇宙时代》的出版将会让人们对未来的探索更加系统和深入。未来已来，让我们一起为文明迭代！

——ONE.TOP联合创始人　◎李锦科

从信息化到数字化，再到数智化，从 Web 1.0 到 Web 2.0，再到 Web3，从互联网到物联网，再到元宇宙，技术驱动的新世界正在一步步向我们走来。基于 5G/6G、AR/VR、脑机接口、区块链等新兴技术的元宇宙将虚拟世界照进现实世界。当下虽然还有很多技术有待完善，但一个虚实交替的全新世界已经向我们慢慢走来。通证一哥的新书《元宇宙时代》全面且系统地讲解了元宇宙的前世今生，其中对当前及未来的新兴技术的讲解通俗易懂，有助于大家全面了解元宇宙。

——深圳市科技专家　◎高泽彬

我很佩服通证一哥在区块链行业的沉淀。在这本书中，他精彩地描述了元宇宙这个承载人类文明的新世界。从三维空间拓展到平行时空，人类不仅可以映射现实世界，而且可以在其中延展文明。通证一哥可以算是区块链的原生居民，从比特币诞生到 NFT 兴起，再到元宇宙革命，区块链时代的每次更迭，他都能以敏锐的视角捕捉并从理论和实践上对其进行剖析。《元宇宙时代》值得每位从业者一读。

——ONETOP评级创始人　◎Robin

元宇宙是未来五年全球的蓝海市场，其中蕴藏着无尽的想象空间和无限的发展可能。在我看来，《元宇宙时代》是一本精准的元宇宙数字地图，它如实地记载着每个元宇宙的起源和未来的发展。

——艺数力NFT MCN创始人　◎应俊

元宇宙作为现实世界的映射，这个概念很早就出现了，但一个真正的元宇宙产品应该具备七大要素：虚拟身份、社交属性、VR沉浸感、同步、多元内容丰富、任何设备随时登录、经济系统。人类社会正逐步迈入数字化时代，AI、云计算、区块链等技术形成了数字网络。各种技术的成熟发展为元宇宙的呈现提供了可能性。随着元宇宙的火热，人们再次对元宇宙这一新一代的"数字网络"充满了期待。

通证一哥作为早期的区块链技术布道者，为这个行业做出重要贡献。他为工业通证设计，区块链赋能实体，提供了行业标杆。他以深厚的区块链认知和对时代的展望描绘了不同于其他人的元宇宙——这是属于他自己的元宇宙，也是属于这个时代的元宇宙。这本书揭示了元宇宙的发展规律与最终之战。这对我们认识新的数字网络、新的时代具有重要意义。我相信，随着各种技术的成熟，这本书描述的场景也将一一呈现。让我们紧随作者脚步，一起成为这个新时代的弄潮儿。

——中国区块链网前副主编　◎滕公子

仰望未来的星空，低头寻找时代的出路。《元宇宙时代》一书以简明易懂的语言，为读者提供了一张元宇宙的"航海图"。本书从数字产业的进化之途到实体公司的转变之路，完整展现了元宇宙这一数字世界的技术形态与商业图景。对任何希望读懂或者享受元宇宙红利的人来说，作者畅想的是"人类美好的时代"：它并非人间天堂，而是另一个充满无数可能性的"镜像世界"。

——热链文化传媒创始人　◎Sunny

# FOREWORD 前言

Roblox的上市引发了全球的"元宇宙"热潮,互联网巨头纷纷入场元宇宙,资本争相入局元宇宙,用户对元宇宙的搜索量呈指数级爆发式增长。这一切看似偶然,但是,Roblox上市只是导火线而已,偶然事件的背后隐藏着历史的必然。

从信息革命发展的维度来看,时代发展需要颠覆者出现方能继续向前,而元宇宙将扮演这一角色;从社会协作方式发展的维度看,中心化的股份公司制濒临黄昏,时代呼唤新的协助方式出现;从科技发展的维度看,5G、AR/VR、物联网、人工智能技术已初具成果,最后一块"补天石"——区块链的出现让构建元宇宙所需的技术条件基本齐备;从"人"自身的发展需求维度来看,现实世界的种种桎梏无法满足人类的需求,人们渴望在一个全新的世界纵情自我。因此,元宇宙时代来临是必然趋势,而此刻正是这个时代爆炸式启动的"奇点"。

　　当前，随着元宇宙概念的火热，各类介绍元宇宙的信息充斥网络空间。大多数人认为元宇宙就是几年前热炒的虚拟现实或场景游戏《第二人生》（Second Life）的翻版，其实不然，元宇宙旨在构建媲美现实世界的第二宇宙。在元宇宙中，除了感官感知真实，还有连接现实世界价值的价值传输体系，以及社会协作制度。准确来说，元宇宙不是一项技术，而是综合有史以来人类社会所有成果的文明形态。

　　互联网巨头，尤其是社交和游戏领域的巨头争先布局元宇宙，它们的动向往往也是最能吸引人眼球的。但是，巨头所呈现的元宇宙方式难以摆脱中心化的命运，这是其基因使然。虽然巨头能短期内在硬件领域快速取得成效，但是，它们构建的元宇宙不是真正的元宇宙。或者说，巨头仅仅能够构建元宇宙的外在部分，比如使用顶尖的VR感官设备，使得虚拟世界看起来更加真实。因此，从某种意义上说，巨头无法构建真正的元宇宙。

　　元宇宙应当是一个多重宇宙，是所有元宇宙的总和，任何一家公司的元宇宙产品都不能称为元宇宙。正如互联网一样，没有任何一家公司能够称为互联网。在多重元宇宙中，用户应当可以在各个宇宙之间任意穿梭而无须频繁切换身份，这需要基于区块链和NFT的唯一身份内核来实现。

　　元宇宙必须是开源宇宙，封闭的元宇宙不是真正的元宇宙。用户要能够充分参与元宇宙的建设。正如现实的宇宙一样，人类创造了地球文明。元宇宙应当在基于用户共识的协议和激励规则的前提下由所有参与者共同建设而成。

　　作为元宇宙的前身，数字世界、虚拟现实等类似概念早已经历过炒作，但未成气候，原因是彼时元宇宙所需要的技术条件并不齐备。满足感官感知的硬件技术、满足快速交互的数据传输技术，尤其是解决价值传输和信任问题的区块链技术如今齐聚一堂，元宇宙具备完整的技术基础。这正是元宇宙过去几年默默无闻而在近期才引人注目的主要原因。

区块链技术解决了信任问题，这一点尤为重要。信任是一切协作的基础，基于信任，元宇宙中的角色才能真正形成有效互动。基于区块链的NFT技术解决了数据稀缺性问题，使得虚拟物品具有了唯一性和明确的所有权。这使得在元宇宙中，价值交换成为可能，而且元宇宙中的价值与现实世界的价值可以互通。从某种意义上说，通过NFT，现实世界的价值可以传递到元宇宙，激活元宇宙的经济系统，而经济系统是元宇宙之所以能够真正成为宇宙的重要因素。

互联网巨头在采用自上而下方式构建元宇宙的同时，Web3正蓬勃发展，这使得社区采用自下而上方式构建元宇宙成为另一种可能，虽然这种方式进展缓慢，但是它极具生命力和颠覆性。Web3让用户在与互联网交互的同时拥有了数据所有权，App的作用仅仅可以帮助用户调用数据而无法拥有它们。在Web3中，用户创造数据并拥有数据，这种方式极大地激发了用户贡献内容的动力。用户依照自己的共识形成社区并共建属于自己的产品，这个产品不属于任何一家公司，而是属于用户。未来，真正的元宇宙将基于Web3构建。

元宇宙和现实世界一样，包括虚实两部分。"实"即所有使得感官感知真实的技术，如VR、体感等，这些技术的目的是使得元宇宙看起来跟现实世界一模一样。"虚"即抽象出来的经济体系和协作机制，这也是现实世界人类文明的内核所在。元宇宙的发展需要虚实两部分技术共同演进。

当今互联网如此发达，已经进入人们生活、生产的方方面面。但是，互联网诞生至今也才几十年。历史告诉我们，信息技术的发展速度呈指数级增长。因此，尽管元宇宙尚处于早期阶段，但是，我们坚信，在有生之年，有望见证真正的元宇宙时代。

笔者在2020年年底的《通证设计》新书发布会上就曾提出"人类社会必然会进入数字世界"的论断，并指出真正的数字世界是具有经济体系和社会协作的"世界"，这个观点与当前的元宇宙概念不谋而合。

笔者早年提出"新世界"的观点，即我们应当用区块链创造一个新世界，而不是颠覆旧世界。旧世界的事物很难改变，而且说服教育成本很高。当新世界正常运行时，旧世界的人会自动进入，正如现在人们接入互联网一样。元宇宙是一个更加具象的新世界，完美符合笔者当年对新世界的畅想。

当前，元宇宙的关注度日益高涨，而市面上相关阅读资料较少。笔者多年来深耕区块链和数字科技产业，并在元宇宙概念提出后密切关注行业进展，对元宇宙具有深刻理解。本书吸收了关于元宇宙的前沿科技信息，融合了笔者对元宇宙的深刻认知，全面梳理了元宇宙的起因、现状和未来走向，以通俗易懂的语言向读者揭示元宇宙的全貌。

本书从宇宙的本源说起，深度阐述了元宇宙时代到来的必然性；从"软技术"和"硬技术"两方面详细解读了元宇宙所涉及的关键技术；以自上而下和自下而上两种方式，全面描述了元宇宙的形成过程；从游戏世界到实体经济，有序剖析了元宇宙的应用场景，帮助读者系统地了解元宇宙的全貌及内核。

为什么元宇宙一定会到来？人们进入元宇宙能得到什么？为什么互联网巨头注定会消亡？元宇宙需要哪些技术支撑？为什么NFT是元宇宙的内核？普通人如何把握元宇宙的时代红利？……这些问题都可以在本书中找到答案。

最后，感谢所有为本书成功出版付出的人。

感谢人民邮电出版社所有为本书付出的编辑团队，正是因为你们的努力，才使得本书顺利与读者见面。

感谢韩巍韩总的鼓励和提醒，使得我有了写元宇宙图书的想法和动力。

感谢"通证一哥"自媒体频道的粉丝，感谢你们对我的持续关注，你们永远是我前进的最大动力。

感谢家人对我的帮助和支持，特别感谢我的太太照顾我的生活，使我能够全力以赴完成本书的创作。

感谢所有人！

本书行笔匆忙，不足之处，欢迎指正。

通证一哥
2021年12月

# 资源与支持

本书由异步社区出品，社区（https://www.epubit.com/）为您提供相关资源和后续服务。

## 提交勘误

作者和编辑尽最大努力来确保书中内容的准确性，但难免会存在疏漏。欢迎您将发现的问题反馈给我们，帮助我们提升图书的质量。

当您发现错误时，请登录异步社区，按书名搜索，进入本书页面，单击"提交勘误"，输入勘误信息，单击"提交"按钮即可，如右图所示。本书的作者和编辑会对您提交的勘误进行审核，确认并接受后，您将获赠异步社区的100积分。积分可用于在异步社区兑换优惠券、样书或奖品。

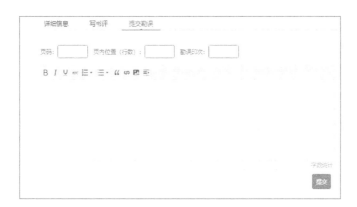

## 与我们联系

我们的联系邮箱是 contact@epubit.com.cn。

如果您对本书有任何疑问或建议，请您发邮件给我们，并请在邮件标题中注明本书书名，以便我们更高效地做出反馈。

如果您有兴趣出版图书、录制教学视频，或者参与图书翻译、技术审校等工作，可以发邮件给我们；有意出版图书的作者也可以到异步社区投稿（直接访问 www.epubit.com/contribute 即可）。

如果您所在的学校、培训机构或企业想批量购买本书或异步社区出版的其他图书，也可以发邮件给我们。

如果您在网上发现有针对异步社区出品图书的各种形式的盗版行为，包括对图书全部或部分内容的非授权传播，请您将怀疑有侵权行为的链接通过邮件发送给我们。您的这一举动是对作者权益的保护，也是我们持续为您提供有价值的内容的动力之源。

### 关于异步社区和异步图书

"异步社区"是人民邮电出版社旗下 IT 专业图书社区，致力于出版精品 IT 图书和相关学习产品，为作译者提供优质出版服务。异步社区创办于 2015 年 8 月，提供大量精品 IT 图书和电子书，以及高品质技术文章和视频课程。更多详情请访问异步社区官网 https://www.epubit.com。

"异步图书"是由异步社区编辑团队策划出版的精品 IT 专业图书的品牌，依托于人民邮电出版社几十年的计算机图书出版积累和专业编辑团队，相关图书在封面上印有异步图书的 LOGO。异步图书的出版领域包括软件开发、大数据、人工智能、测试、前端、网络技术等。

异步社区

微信服务号

CONTENTS 目 录

## 第1章　元宇宙时代来临　　001
### 1.1　谁来颠覆互联网巨头　　002
　　1.1.1　颠覆与被颠覆　　002
　　1.1.2　元宇宙具备颠覆特征　　003
　　1.1.3　元宇宙大势所趋　　005
### 1.2　去中心化的奥义　　010
　　1.2.1　宇宙的本源　　011
　　1.2.2　效率与公平　　013
　　1.2.3　植物比动物更智能　　017
　　1.2.4　杀不死的海星　　020
　　1.2.5　可怕的群体智慧　　021
### 1.3　文明是"虚构"的现实　　027
　　1.3.1　赫拉利的论断　　027
　　1.3.2　文明大迁徙　　029
### 1.4　从碳基到硅基　　030
　　1.4.1　碳基与硅基　　030

1.4.2 由碳向硅，文明载体的转变　　032
**1.5 无处安放的大数据**　　035
1.5.1 数据量暴增　　035
1.5.2 数据处理新秩序　　037
**1.6 自由与永生**　　038
1.6.1 自由，进入元宇宙的原动力　　038
1.6.2 永生，人的终极追求　　040

## 第2章 重新定义元宇宙　　043

**2.1 元宇宙的前世今生**　　044
2.1.1 "元宇宙"一词的由来　　044
2.1.2 元宇宙市场火热　　046
2.1.3 科幻小说的憧憬　　048
2.1.4 科幻影视剧的畅想　　050
**2.2 元宇宙不只是一项技术**　　052
2.2.1 元宇宙不只是虚拟现实　　052
2.2.2 元宇宙是未来人类文明形态　　053
**2.3 元宇宙是多重宇宙**　　053
**2.4 元宇宙不是封闭宇宙**　　054
2.4.1 互联网巨头垄断违背互联网初衷　　054
2.4.2 开源才是王道　　055
**2.5 元宇宙的核心是经济体系**　　056
2.5.1 感官体验是元宇宙的外层　　056
2.5.2 加密经济是元宇宙的内核　　057

## 第3章 元宇宙的软技术　　059

**3.1 区块链**　　060
3.1.1 区块链是元宇宙"补天石"　　060
3.1.2 区块链在元宇宙中扮演双重角色　　061
3.1.3 区块链构建信任机制　　063
**3.2 NFT**　　072
3.2.1 NFT创造"稀缺性"　　072
3.2.2 NFT明确"所有权"　　076

## 3.3 Web3 — 077
### 3.3.1 Web的演化 — 077
### 3.3.2 Web 2.0走向末路 — 080
### 3.3.3 Web3，下一代互联网 — 082

# 第4章 元宇宙的硬技术 — 087
## 4.1 感知交互 — 088
### 4.1.1 VR，在虚拟中感受现实 — 088
### 4.1.2 AR，在现实中叠加虚拟 — 106
### 4.1.3 MR，虚实之间自由融合 — 108
### 4.1.4 全息投影，裸眼可见的虚拟现实 — 109
### 4.1.5 体感技术，捕捉人体动作 — 110
### 4.1.6 脑机接口，所有感知一步到位 — 111
## 4.2 基础设施 — 112
### 4.2.1 5G，让数据传输更快 — 112
### 4.2.2 物联网，让万物与网络互联 — 116
### 4.2.3 边缘计算，更高效的数据处理 — 118
### 4.2.4 人工智能，打造智能化元宇宙 — 119

# 第5章 元宇宙的形成 — 123
## 5.1 自上而下，巨头的进击 — 124
### 5.1.1 Roblox，元宇宙第一股 — 124
### 5.1.2 Meta，元宇宙的急先锋 — 125
### 5.1.3 英伟达，打造开放式云平台 — 129
### 5.1.4 微软，构建全新的元宇宙 — 132
## 5.2 自下而上，用户和社区的崛起 — 134
### 5.2.1 Decentraland，老牌虚拟世界 — 134
### 5.2.2 Sandbox，虚拟游戏平台 — 135
### 5.2.3 Cryptovoxels，加密艺术圣地 — 137
### 5.2.4 Somnium Space，沉浸式VR社区 — 138
### 5.2.5 *Axie Infinity*，能赚钱的宠物游戏 — 140
### 5.2.6 Loot，穿梭元宇宙间的身份内核 — 140

## 第6章　元宇宙的应用　147

### 6.1　率先赋能游戏、社交与娱乐　148
#### 6.1.1　游戏，元宇宙的先锋队　148
#### 6.1.2　社交，从平面聊天到沉浸式交流　149
#### 6.1.3　电影，身临其境的娱乐体验　151

### 6.2　助力生活、工作与产业　154
#### 6.2.1　衣服试穿，足不出户逛商场　154
#### 6.2.2　虚拟办公，让在家上班成为现实　156
#### 6.2.3　企业增效，赋能实体产业经济　157

## 第7章　元宇宙的治理　161

### 7.1　公司制的末路　162
#### 7.1.1　信任的崩溃　162
#### 7.1.2　三边博弈，谁是第一　163

### 7.2　创作者经济兴起　164
### 7.3　DAO概念的诞生　168
### 7.4　正确定义DAO　170
### 7.5　DAO的特性　171
### 7.6　DAO的类型和工具　173
#### 7.6.1　DAO类型　173
#### 7.6.2　DAO工具　176

### 7.7　DAO治理的争论　177
#### 7.7.1　链上治理，代码高于一切　177
#### 7.7.2　链下治理，不可忽视人的角色　178

## 第8章　元宇宙的猜想　181

### 8.1　"缸中之脑"，现实真的是现实吗　182
### 8.2　半机械人　184
#### 8.2.1　碳硅合体，人类进化的狂想曲　184
#### 8.2.2　仿生人，来自虚拟世界的威胁　188

## 参考文献　191

## 后记　193

CHAPTER 1
第1章

# 元宇宙时代来临

▲
▲

不管你是否愿意,元宇宙时代正在悄然来临!甚至从某种意义上说,我们已经身处元宇宙中而浑然不觉。岁月轮回,周期更替,互联网巨头正在穷尽所有的力气,为不在元宇宙时代被颠覆做最后一丝挣扎。

信息技术的发展进程呼唤新时代的出现,被压抑已久的去中心化的思想正在喷涌而出,虚构现实所铸就的人类文明面临重大的跃迁,硅基文明正在逐渐超越碳基文明而存在,日益暴增的海量的大数据需要一个安身之地,人类对自由和永生的向往一如既往强烈……

这一切都在昭示着一个结果:元宇宙时代必然来临!

## 1.1 谁来颠覆互联网巨头

### 1.1.1 颠覆与被颠覆

颠覆与被颠覆，似乎是一个哲学问题。

《三国演义》卷首语有云："话说天下大势，合久必分，分久必合。"纵观信息技术发展史，每个时代都有巨头，每个巨头最终都会被颠覆。当一代巨头被颠覆，将意味着新时代开启。然后，新时代又造就新的巨头，新的巨头再被颠覆，周而复始。信息技术的发展就是一个巨头产生与被颠覆不断重复的过程。

颠覆者促进时代进步，同样，时代的进步呼唤颠覆者出现。

《在缅甸寻找乔治·奥威尔》一书讲到这样一个故事。

有条恶龙要求一个村庄每年都献祭女孩，这个村庄也每年都会有一位勇敢的少年去与恶龙搏斗，但是少年从没有回来过。

有一年，恶龙又让村庄献祭女孩，一位英勇的少年带着宝剑出发了。这时，村子里有人偷偷地跟在他的后面，想看看到底发生了什么。少年来到恶龙的巢穴，找到恶龙，双方展开了你死我活的苦战。最后，少年用宝剑杀死了恶龙。

获胜后，少年坐在恶龙的尸体上，看着龙穴里的金银财宝，他的头上长出了犄角，背后长出了翅膀，少年变成了恶龙。

互联网发展至今，它已经完全改变了人们的生活、生产方式。互联网可以渗透的新领域越来越少，野蛮扩张的时代一去不复返，资本渐渐丧失了耐心，并举起了隐藏已久的镰刀。当年被捧向神坛的创业精英变成了资本获利的爪牙，大数据杀熟、垄断、泄露用户数据等现象层出不穷，用户成为任人宰割的羔羊。

互联网新锐曾经颠覆了传统行业，解决了信息不对称等诸多问题。但是，现在它们变成了新的垄断者，开始利用垄断地位获利。屠龙少年最终变成恶龙。

当今的互联网格局仍是三分天下。互联网的发展过程中，搜索、电商、社交三个维度分别形成了以谷歌公司、亚马逊公司、Meta（原Facebook）公司以及国内的一众互联网公司为首的巨头。它们分别建立了自己稳固的护城河，成为难以撼动的霸主。尽管近年来，三个维度的巨头们在市场争夺过程中此消彼长，实力和市场占比有所变化，但是，总体而言，巨头通过入股、并购等手段吞并或者剿杀创业公司，使得自己变得越来越强大，最终成为巨无霸。

对用户来说，在互联网诞生的早期和发展的初期，互联网公司确实解决了很多痛点。在这个阶段，人们注重工作、生活、学习效率的提升，无暇顾及数据安全、个人隐私之类的问题，更不会考虑个人数据价值的问题。但是，随着互联网工具的普及，互联网已经成为人们生活中必不可少的一部分。人们在需求得到满足的时候开始注重自己的数据安全和用户权益问题。

随着区块链的出现和去中心化思想的传播，人们开始痛恨互联网巨头。随着互联网可改造领域不断缩减，互联网巨头的成长空间越来越小，它们不得不通过挤压用户来获取利润。由于互联网巨头和用户不是利益共同体，彼此之间的这种矛盾愈演愈烈，最终将变得势同水火。在用户的眼中，互联网巨头正在逐渐变成恶龙。

于是，时代呼唤新的"屠龙少年"出现，而元宇宙将最有可能扮演这一角色。

### 1.1.2 元宇宙具备颠覆特征

什么是颠覆呢？真正的颠覆需要符合以下两大条件。

**1. 颠覆者必须被主流人群所深恶痛绝**

那些轻易就能理解和接受的技术与概念，是谈不上颠覆性和破坏性的。真正的颠覆者，刚开始的时候一定是让人充满怀疑的、本能排斥的，甚至深恶痛绝的。

区块链技术的首个应用比特币自诞生之日起就遭受众多知名人士的反对。被世人顶礼膜拜的"股神"巴菲特对其充满怀疑，他认为"这只是泡沫而已"；国内知名财经教授对比特币本能排斥，他曾在参加电视节目时表示"你送我100个，我不会要的"；还有一些自媒体名人对其深恶痛绝，甚至在录制的短视频中对其破口大骂"骗子"。

然而，元宇宙以区块链为底层技术，基于Web3构建，是自下而上构建的去中心化生态，与区块链的去中心化思想初衷一脉相承，因此，它也被诸多专家嗤之以鼻。很多人说元宇宙不过是乌托邦，人最终还是属于现实世界的。他们认为元宇宙是泡沫。

从这一点看,元宇宙及其底层技术区块链都具备"颠覆"的特质。

## 2. 颠覆者必须与既得利益的巨头相冲突

要想颠覆巨头,必须在基因上与巨头互斥。如果颠覆者跟巨头的基因是一样的,如商业模式一样、市场一样,那么,早晚会被巨头消灭,或者收入囊中。

柯达,曾经是照相机(见图1-1)及胶卷行业巨头,也是数码相机技术的发明者。但是由于柯达公司难以舍弃传统胶卷市场的巨大利润,没有抢先发力数字照相技术,导致其在数码技术普及的今天落后于其他数码相机公司。

图1-1 柯达照相机(来源:Unsplash)

柯达当时的选择没有错,没有谁会愿意舍弃庞大的既得利益。可是,正是因为不舍,巨头们眼睁睁地看着自己被颠覆,却无可奈何。

在元宇宙出现之前,一个问题一直困扰着人们:像BAT(指百度公司、阿里巴巴公司和腾讯公司)这样的互联网巨头把微软、诺基亚等传统巨头给颠覆了,那么谁来颠覆BAT呢?

曾经,人们有一些猜想,他们认为颠覆者将是360公司、小米公司、京东公司或者其他像字节跳动公司这样的后起之秀。诚然,这些黑马公司具有极强的颠覆性和生命力,但是,我们仔细分析后不难发现,这些公司的背后都有巨头的身影。由于基因的一致性，BAT或其背后的资本通过并购入股等手段，不断壮大自己的生态。如此一来，强者愈强。

区块链的出现使得元宇宙的实现成为可能，它是元宇宙的最后一块"补天石"。在元宇宙时代，巨头被颠覆成为可能。真正的元宇宙基于去中心化的区块链构建，它具有去中心化基因，与互联网巨头的中心化基因极度排斥，水火不容。巨头一旦公开数据库，让中心化数据分布式存储，它们将丧失数据控制权，进而丧失巨额利润。所以，巨头不可能这么做，巨头背后的资本也不容许它们这么做。所以，从某种意义上说，Meta等大厂布局元宇宙，最终难成正果。

由以上分析可见，元宇宙具备了"颠覆"的特质。

### 1.1.3 元宇宙大势所趋

本节将分别从信息技术、商业模式、协作方式三个角度对元宇宙之"势"进行阐述。

#### 1. 信息技术发展规律

信息技术发展是一个不断建立垄断和打破垄断的重复过程。

如今，我们处于信息技术发展的第三个时代，即互联网时代。互联网时代又分为两个阶段——PC互联网和移动互联网。从局部来看，我们当前处于互联网时代的下半场，即移动互联网时代。在这个阶段，BAT巨头的竞争格局发生变化，随着短视频崛起，字节跳动等新锐公司被寄予厚望，有望成为新一代巨头。尽管如此，互联网公司中心化的模式没有发生根本性变革，巨头三维格局可能变成一维独大的局面。

唯有以史为鉴，我们才能知未来更替。唯有站在历史长河的角度，我们方能看到未来的趋势。我们一起来看一下信息革命过去几十年是如何演进的。

加密资产投资基金Placeholder合伙人乔尔·莫内格罗（Joel Monegro）在一篇全面介绍该基金投资理念和投资模型的文章中描述了信息技术行业过去70多年的发展史。

莫内格罗在文章中称，这段历史可以看作是一部关于扩张、巩固和打破中心化权威的循环反复的历史。从本质上说，这部历史就是一个不断建立垄断和打破垄断的重复过程。

在这个过程中，一些极具前瞻性眼光的企业利用新技术迅速建立了自己的垄断地位，然后在下一轮技术革命浪潮中被后来者打破。与此同时，新兴的颠覆者成为新的垄断巨头。这一过程周而复始。

信息技术发展史大致可以分为四个阶段，如图 1-2 所示。

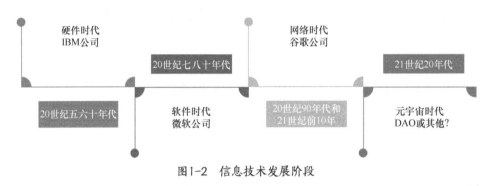

图 1-2　信息技术发展阶段

信息技术的第一个时代是 20 世纪五六十年代的硬件时代，以 IBM 公司为代表。

晶体管的诞生，使得信息技术成为一个产业。晶体管的出现，大幅度降低了早期计算机的成本。在这个过程中，IBM 公司借助晶体管的标准化，迅速建立计算机业务，垄断市场，成为当时世界上最大的计算机公司。

信息技术的第二个时代是 20 世纪七八十年代的软件时代，以微软公司为代表。

随着 PC 的迅速发展和普及，软件应用的需求量迅速扩大。微软公司以其占据计算机操作系统 80% 的市场份额的绝对优势，获取高额利润。从某种意义上说，微软公司等同于计算机软件行业本身。这个阶段，IBM 公司的影响力减弱，微软公司成为新的霸主。

信息技术的第三个时代是 20 世纪 90 年代和 21 世纪前 10 年的互联网时代，以谷歌公司为代表。

随着 TCP/IP 成为互联网协议标准，信息技术进入互联网时代。1991 年，"互联网之父" 蒂姆·伯纳斯 - 李（Tim Berners-Lee）向公众宣布了 WWW 的诞生，互联网商业化应用自此拉开序幕。

虽然互联网泡沫在2000年破裂,大多数互联网公司就此消失。但泡沫之后,顶尖的互联网公司活了下来,如谷歌公司、亚马逊公司、Facebook公司等。紧接着,从2000年到2010年,互联网用户数从4亿增长到超过20亿,覆盖了全球30%的人口。与此同时,全世界主要国家(地区)分别在搜索、电商、社交三个维度形成巨头独霸天下的局面。

当前,我们正处于被谷歌公司、苹果公司、Meta公司和亚马逊公司等巨头中心化整合的时代。它们利用自身海量数据的优势,绑架用户并压制和干预初创企业。中心化的风险和弊端已经逐步显露,用户和互联网巨头的矛盾日益突出。

信息技术的第四个时代是自21世纪20年代起的元宇宙时代。

尽管几经繁荣和泡沫交替,但元宇宙已经展现出茁壮的生命力。我们可以大胆预测,未来10年,元宇宙将真正进入人们的生活。元宇宙依托区块链技术解决了互联网无法解决的数字世界的信任和价值传输问题,基于区块链的通证和NFT更是解决了大规模的高效协作和虚拟资产稀缺性问题,因此元宇宙将改变当前的商业模式。

综上所述,元宇宙很好地扮演了打破互联网巨头垄断的颠覆者角色,从基因上改变和革新了商业模式,将在不远的未来引领信息技术新时代。

### 2. 巨头商业生态模式

巨头商业生态模式转变大致可以分为四个阶段:单一产品或服务、平台、C2C、加密生态,如图1-3所示。

图1-3 巨头商业生态模式转变过程

总体来看，巨头的商业生态模式转变轨迹为从无中心到中心化，再从中心化到去中心化。

在 2010 年以前，市场上的主导企业是那些提供单一产品或服务的公司，如诺基亚公司、索尼公司等。在这个时代，企业各自为政，处于无中心的状态。

2010 年之后，苹果公司构建了 iTunes 和 App Store，自此平台类公司成为主流（国内平台类公司以阿里巴巴公司为代表）。它们为销售产品和购买产品的双方提供了交流的渠道，将买卖双方连接起来，解决了信息不对称的问题。这个时代，中心化平台形成，并且具有相当多的话语权。

2015 年，共享经济兴起，Uber 公司、Airbnb 公司等 C2C 公司快速发展，又掀起了一股互联网经济热潮。它们让个人与个人之间产生多向联系，催生了指数级的价值。这个时代，中心化平台对用户的限制相对变弱，鼓励用户在同一规则下自由产生关系。

未来，在元宇宙时代，生态系统中的基础设施由区块链完成，一切规则和信任基于代码实现。在这个时代，代码取代了公司，用户基于不可篡改的规则，在生态内进行去中心化协作，组织边界进一步放大，网络效应增强，每个生态用户获得的利益和权利变得更多。在这个过程中，公司和资本将消失，它们的利润回归用户。

通过对 2008 年到 2018 年全球巨头的公司类别变化进行分析可以发现，2018 年平台类公司数量剧增，如图 1-4 所示。

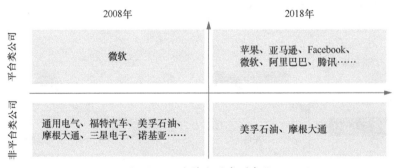

图 1-4　巨头的公司类别变化

由此可见，整个商业生态模式将趋向于去中心化。当然，完全的去中心化不会很快实现，去中心化是未来的理想状态。我们预测未来 5~10 年将并存三种商业生态模式，如图 1-5 所示。

图1-5　未来三种商业生态模式并存

1) 中心化组织

巨头仍然具有很大的影响力，不会马上消亡。正如在微软公司称霸的时代，IBM 公司仍然具有很强的实力一样，随着区块链的发展，巨头的影响力会逐步减弱，但在相当长一段时间内，它们仍然是商业生态模式的主体。

2) 联盟组织

联盟组织指的是由行业联盟开发的或者服务于某一行业联盟的区块链网络，如 R3 等。这类组织受监管层支持，会具有一定的先发优势。

3) 去中心化组织

基于 Web3 的各类 DAO（Decentralized Autonomous Organization，去中心化自治组织）和去中心化应用。在未来一段时间，部分领域的 DApp 将逐步取代 App，并为用户所熟知和使用。DAO 将成为未来普遍的协作组织。

### 3. 人类社会协作方式

人类社会协作的历史是一部由分到合的历史。人类社会协作方式正在从分散向集中转变，高度集中之后将向分散转变，如图 1-6 所示。

人类社会最早的协作方式是在人类社会诞生之初的狩猎活动。原始人为了果腹，三五成群或整个部落协作完成狩猎活动。这种协作方式简单且分散，从某种意义上说是一种去中心化的协作方式。

图1-6 人类社会协作方式演变

随着生产力的发展，人类进入手工作坊的时代。手工作坊的协作方式具备中心化的雏形。由此开始，人类社会的协作方式开始向中心化演进。

随后，随着公司的出现以及流水线的普及，人类社会的协作开始变得高度中心化。

紧接着，互联网的出现和广泛应用提升了沟通协调效率，极大地加速了协作方式的进一步中心化。谷歌公司、Meta公司、亚马逊公司等互联网巨头就是协作方式高度中心化的产物。

笔者预测，随着互联网的持续发展，互联网巨头将更加中心化，搜索、电商、社交三个维度的巨头将合为一体。未来，一统江湖的巨无霸将会出现。当然，这个巨无霸将在下一个时代被颠覆。

中心化协作方式极大地提高了效率，在生产力水平不高的情况下这是一种非常有效的协作方式。未来，生产力高度发达，物联网、人工智能等高新科技发展成熟，人们对信任和公平的需求变得更加突出。到那个时候，基于区块链技术的底层设施的分散协作生态将成为未来商业的主要形态，分散式协作将成为元宇宙时代主要的协作方式。

## 1.2 去中心化的奥义

"去中心化"在元宇宙中具有重要意义。从根本上说，中心化的元宇宙不是真正的元宇宙，真正的元宇宙一定是去中心化的。

很多人谈及区块链，往往会提到"去中心化"。为了讲清楚去中心化，他们会先陈述中心化的种种弊端。其实，世界的本源也许就是去中心化的，中心化反而是一个特殊产物。我们站在宇宙演变和人类进化的维度来审视去中心化，方能明白其奥义。

### 1.2.1 宇宙的本源

偌大的宇宙空间（见图1-7）浩瀚而深邃。那么，它的中心到底在哪里？这个问题至今没有答案。

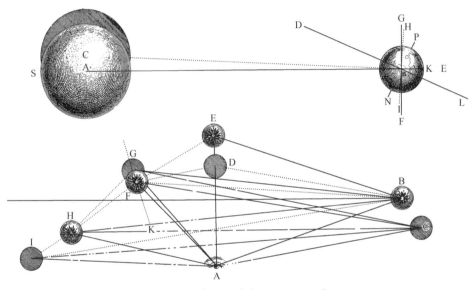

图1-7 宇宙空间（来源：Pixabay）

### 1. 地球不是宇宙的中心

如果问古人"宇宙的中心在哪里"，答案一定是"地球"。古希腊天文学家克罗狄斯·托勒密（Claudius Ptolemaeus）提出了复杂的本轮运动来解释天上行星的运动，从而为"地心说"提供佐证。

1 000多年后，哥白尼对此提出异议。不久后，哥白尼用其发明的天文望远镜观测到木星的四颗卫星，这四颗卫星都是环绕木星而不是地球旋转的。这个观测结果直接证明地球不是宇宙的中心。

### 2. 太阳不是宇宙的中心

哥白尼的"日心说"认为,太阳是宇宙的中心,地球以及其他行星都在圆形轨道上以不同的速度环绕太阳旋转,这个论断能简单有效地解释各种天文现象。

随着人类对宇宙的可观测范围的扩大,我们认识到,太阳只是太阳系的中心,而不是宇宙的中心。除了太阳系的几大行星,其他星球都没有环绕太阳运动。

后来,天文学家通过三角视差法测出天上星星之间的距离,结果表明它们离地球非常遥远,它们是类似太阳一样的恒星。这些恒星与太阳都是银河系上千亿颗恒星的一小部分。在银河系中心强大引力的作用下,包括太阳在内的所有恒星都会环绕银河系中心运动。

### 3. 银河系中心不是宇宙的中心

随着天文技术的发展,我们知道,银河系外还有更加广阔的宇宙空间,其中存在着数以千亿计的星系。每个星系又包含数以亿计的恒星,这些恒星都会绕着各自星系的引力中心运动。

在250万光年外的仙女座星系是一个大型星系,它的周围有二十几个星系在绕行。银河系、仙女座星系及其卫星星系组成了本星系群,这个星系群的中心位于银河系和仙女座星系之间。

但是,本星系群与其他星系群、星系团组成了巨大的本超星系团,其中心位于5 380万光年外的室女座星系团。在本超星系团之上还有更大的宇宙结构。

如此往复,宇宙的中心到底在哪里?

### 4. 宇宙没有任何中心

我们换一种方式来寻找宇宙的中心。假设宇宙存在一个中心,这个点必须在某种程度上是特殊的,我们接下来分析中心可能具有的不同形式。

1)质量中心

质量中心也就是质心。一个有限物体,一定存在质心,而且很容易确定其质心。该物体的质心是一个点,在这个点周围的任意一个方向上都具有相等质量。但是,对宇宙这样无限且均匀的物体而言,每个点都是相同的,因此,无法确定其质心。

2）旋转中心

一个旋转的物体必然存在一个旋转中心。例如，地球的旋转中心是连接南极和北极的轴。但是，宇宙是一个不旋转的整体，因此没有旋转中心。

3）膨胀中心

宇宙是由"大爆炸"产生的，而且它一直在膨胀。既然宇宙在膨胀，那么一般人会认为，宇宙一定会存在一个膨胀中心。也就是说，如果让时间倒流，那么可以将宇宙压缩为一个点，即膨胀的起点。

但是，根据现代天文研究结果，宇宙是向每个方向均匀扩张的。"大爆炸"所产生的闪光从太空中所有位置均匀发出，每个方向的闪光都是同样的强度，这充分证明宇宙没有膨胀中心。

综上，宇宙没有任何形式的中心。爱因斯坦提出了宇宙学的基本原理即宇宙学原理，也称作哥白尼原理。根据该原理，宇宙在大尺度上是均匀且与各向同性的。也就是说，宇宙中空间上每个点都是等价的，没有特殊点。如果宇宙有中心，那将违背上述原理。

因此，宇宙的本源是去中心化的。世间万物的发展与演变都在冥冥之中遵循宇宙的本源法则，信息技术以及社会协作方式的发展也不例外。

## 1.2.2　效率与公平

效率与公平是针对用户的需求而言的。用户对效率的需求和对公平的需求，在互联网发展的不同阶段占比不同，此消彼长。

中国有句古话叫作"饱暖思淫欲"。当然，这里的"淫欲"指的不是贪婪放纵的欲望，而是指当最为迫切的需求得到满足之后，人们就开始追求更高层次的需求。

亚伯拉罕·哈罗德·马斯洛（Abraham Harold Maslow）于1943年提出"需求层次论"，他把人类纷繁复杂的需求分为生理需求、安全需求、社交需求、尊重需求和自我实现需求五个层次，如图1-8所示。

五个需求层次的含义分别如下。

- 生理需求：维持人类生存所必需的身体需要。
- 安全需求：保证身心免受伤害。
- 社交需求：包括感情、归属、被接纳、友谊等需要。
- 尊重需求：包括内在的尊重如自尊心、自主权、成就感等需要以及外在的尊重如地位、认同、受重视等需要。
- 自我实现需求：包括个人成长、发挥个人潜能、实现个人理想的需要。

图1-8 马斯洛需求层次图

马斯洛认为，只有低层次的需求得到部分满足以后，高层次的需求才有可能成为行为的重要决定因素。五种需求是按次序逐层级上升的。当下一层级需求获得基本满足以后，追求上一层级的需求就成了驱动行为的动力。

我们由马斯洛的需求层次理论做一个引申，将互联网用户需求层次分为效率需求和公平需求两层（见图1-9），用户在满足效率需求的基础上再去追求公平需求。

图1-9 互联网用户需求层次图

在互联网的发展期，互联网解决了用户的主要痛点，提升了用户的工作、学习和生活效率。这一阶段，用户的注意力集中在效率需求的满足上。

在互联网的成熟期，即当前阶段，互联网已触达用户生活的每个角落，用户的效率需求已经基本满足，于是，人们开始质疑当前互联网规则的公平性，关注自己的数据，重视自己的权益，有了公平需求。

用户关注的精力总体有限。当重点关注效率需求时，对公平需求的关注会减少；当对效率需求的关注减少时，则对公平需求的关注开始增加。效率需求与公平需求随着互联网的发展发生转换，如图1-10所示。

### 1. 什么是效率需求

我们以共享出行领域举例说明。共享经济是典型的互联网改造传统行业的领域，互联网平台对服务需求方和服务提供方进行信息匹配，从而大幅度提升服务效率。

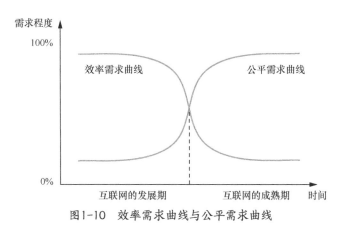

图1-10 效率需求曲线与公平需求曲线

在共享打车软件出现之前,人们出行面临打车难的问题,人们希望高效出行的需求难以得到满足。在这种情况下,共享打车软件崛起,把有载客需求的出租车、私家车和有打车需求的乘客进行匹配,满足人们出行的效率需求。

在共享打车软件出现的初期,人们充分感受到共享打车软件带来的便利,沉浸在互联网带来的效率需求得到满足的幸福中。笔者清晰地记得,2012年,两大共享打车软件烧钱大战,疯狂补贴用户,每单最高补贴13元。笔者当时所在城市的出租车起步价仅8元,在起步价公里范围内坐车,不仅不需要花钱,而且能赚钱。可以想象,在这种情况下,谁会在意数据安全呢?谁又会在意隐私问题呢?谁还会在意中心化或去中心化呢?

**2. 什么是公平需求**

经过白热化的竞争和整合,胜出者垄断市场。在共享打车软件几乎一家独大的今天,人们要想出行,除了用这款软件,几乎别无选择。人们被动地接受软件提供的价格,被动地承受高额的手续费,无论是乘客还是司机,都成了"任人宰割的羔羊"。除此之外,人们被大数据杀熟,老顾客不仅没有优待,反而价格更高。平台利用人们的出行数据、隐私数据获得巨额利润,而作为数据提供者,人们没有得到任何回报。人们终于开始认识到公平的重要性。

人们不希望垄断,希望服务业呈现公平竞争的局面。人们不希望大数据杀熟，即使老用户没有优惠，也希望能受到公平对待。人们希望拿回自己的数据所有权，能够和资本一起共同享受企业成长带来的红利。这就是人们的公平需求。

### 3. 中心化提高效率，去中心化带来公平

我们不能否认中心化协作方式对效率提升的重大作用。中心化机制下由单点进行决策，保证了决策效率。通过创始人进行决策，团队遵照执行的方式，企业可以快速进行产品迭代和抢占市场。

互联网本来就是去中心化的。互联网最早采用的是开源的协议，任何人都可以公平地使用。"互联网之父"蒂姆·伯纳斯-李从设计互联网的第一天开始，就把开放和去中心化这些原则放在第一位。互联网之所以能够蓬勃发展，是因为它的设计是开放的，能够在任何设备中使用。我们不必受到操作系统、软件、特定硬件或终端的限制就能够使用互联网。

随着互联网的高速发展，人类对效率需求的急切追求给了互联网巨头可乘之机。它们完美地提供了人们所需要的极致服务体验、快速的信息交互方式。这些优势几乎蒙蔽了人们的双眼，大家开始对互联网原本的去中心化原则视而不见。

效率、公平和安全是一个"不可能三角"，如图 1-11 所示。

要想快速提升效率，必须采用中心化方式，因为去中心化方式决策效率太低，往往会延误战机。因此，我们不得不承认，中心化方式对推动互联网效率的大幅度提升做出重要贡献。

图 1-11 不可能三角

显而易见，当今的互联网巨头是数据高度中心化的产物，它们基于集中的数据为人们提供服务，让人们享受到互联网的便利，同时也为自己带来巨额利润。

正如前面所述，当前互联网可改造的传统领域越来越小，成长空间越来窄，也就是说，效率提升已经快到极限。互联网的发展已经进入 S 曲线（见图 1-12）的顶部阶段，中心化巨头的使命已经基本完成。

现在，人们开始对公平需求提出了要求，而只有去中心化才能满足这一点。

去中心化由全部节点或大多数节点进行决策，以保证公平公正。虽然以牺

牲效率为代价，但是与中心化相比，去中心化具有更好的稳定性和持久性。

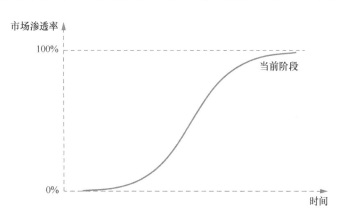

图1-12 互联网渗透率S曲线

人类社会的发展同样如此。在生产力水平低下的时候，公司制应运而生。公司制在很大程度上改变了人类社会的协作方式。人们从分散、低效、原始的协作方式逐步演变成中心化的、集中的、高效的协作方式。经过几百年的演进，公司的力量已渗透到人们工作和生活的方方面面。公司已经不仅仅是一种组织，它更是一种制度。公司凝聚了生命个体，从而变成强于任何个人的经济实体。公司使得血缘、地缘联系之外的陌生人之间的合作成为可能。作为迄今为止最有效的经济组织形式，公司的出现被称作是"人类伟大的成就"之一。近代，互联网的高速发展和大范围应用，高度加速了这一"成就"的形成。

人们在中心的高效调度下展开协作，大大提高了生产效率。然而，随着社会的发展，高度中心化带来的弊端逐渐显现，贫富差距和中心节点的舞弊成为不可避免的产物。

在生产力相对发达的今天，人们的物质生活总体而言已经得到大幅度提升，人们的主要需求从效率向公平转变。因此，未来，尤其是在元宇宙时代，去中心化将会成为广大用户的普遍诉求。

### 1.2.3 植物比动物更智能

你也许不知道，植物的智能程度很可能比动物高。

首先，植物和动物拥有共同的祖先。为了说明这一点，我们一起探讨一下地球生物的形成过程。

地球在刚刚形成的时候是没有生物的。在经历漫长的过程之后，无机小分子变成有机小分子。有机小分子又聚合成蛋白质和核酸，形成了原始细胞。原始细胞经过进一步的发展形成一种叫作绿色鞭毛生物的单细胞生物。绿色鞭毛生物的大致形成过程如图1-13所示。

绿色鞭毛生物后来又发展出两个分支——自养型生物和异养型生物，如图1-14所示。

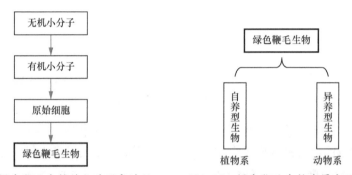

图1-13 绿色鞭毛生物的大致形成过程　　图1-14 绿色鞭毛生物发展出两个分支

其中一种是能够从光获得能量的自养型生物，也就是植物。也就是说，它能够进行光合作用，合成叶绿素。另一种是异养型生物，它自身无法合成叶绿素，只能通过吃掉其他的有机物获得能量。这就是后来的动物。

动物要吃到食物，就必须动起来。如果待着一动不动，它就没有办法吃到食物，无法生存。所以，动物不断发展出一些功能化的器官，如四肢、心脏等，便于在发现食物的时候快速移动。

但是，植物待着不动就可以得到光并合成能量，因此植物没有必要移动。而且植物要从水、土壤里面获得养分。这个条件也不允许植物离开水或者土壤。那么问题来了，如果植物一动不动，如何避免被动物吃掉呢？植物应该如何保护自己的生命？

为了应对以上问题，植物在进化过程中发展成一种分布式的有机体。植物的每个细胞都可以独立运转。即使身体的一部分被动物吃掉,植物仍可以生存。植物的生命运转不仅没有受到任何影响,被吃掉后剩下的部分甚至还可以恢复原样。海洋中的绿藻植物就是早期植物的典型代表。

植物没有把身体上的重要器官集中在某个部位。如果集中在某个部位,一旦被其他生物吃掉,整个生命体就会死亡。因此,植物派系选择了去中心化的生长方式。

我们再来看动物派系。动物按照体型大小可以分为两种,一种是小型动物,另一种是大型动物,如图 1-15 所示。

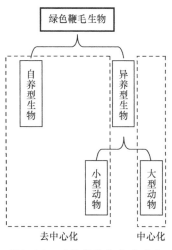

图1-15 动植物进化方式对比

小型动物指的是如蚂蚁、蜜蜂、鸟、鱼这些动物,虽然说它们单独的个体是中心化的,但是它们在整体协作的时候完全是分布式的。对蚂蚁、蜜蜂、鸟、鱼来说,它们作为一个个体太弱小了,必须利用群体的力量来生存。

大型动物指的是老虎、狮子、狼这些体型较大的动物,我们人类也包括在内。这些动物最终走向中心化的发展方式。对大型动物而言,因为它们需要较多的能量,所以必须主动捕杀猎物。而且,由于可捕杀的猎物有限,所以,大型动物之间存在较大的竞争。在竞争的过程当中,大型动物形成较为明显的强者生存法则以及以强者为中心的中心化协作方式。

我们人类,因为具有聪颖的才智,从激烈的竞争当中脱颖而出。如前面所述,人类除了有吃饱穿暖这些生理需求,还有其他的需求,比如社交、尊重、自我实现等。这些需求体现在社会地位的竞争、权力的争夺等方面,由于这些竞争,人类比动物更加中心化。以贫富差距为例,由于贫穷和富有是一个相对概念,因此,一部分人必须通过压迫和剥削另一部分人来实现相对的富有。

在原始社会,各个部落都有酋长。在这个时候,人类的行为基本上接近于大型动物,和狮子、老虎在某些方面有很大的相似之处。进入奴隶社会后,一部分人开始用武力去压迫另一部分人。进入封建社会后,除了武力压迫,再加上思想统治。到资本主义社会，剥削手段换了一种新的方式，即货币。美国在布雷顿森林体系解体后，通过向全球超发美元来剥削全世界人民。在此基础之上，互联网高速发展加剧了人类社会的中心化程度。

过度的中心化带来了动荡和不稳定，两次世界大战让人类社会的发展遭受重创。反观植物世界，看起来弱小的植物似乎有无穷的生命力，看起来没有感知的植物似乎拥有超越人类的更高的智能。

在《它们没有大脑，但它们有智能》一书中，作者详细论述了植物的智能：它们拥有视觉、味觉、嗅觉、触觉、听觉等多种感官，它们的每个根尖上面都有一个"计算中心"，每一株植物都是一个"活体互联网"……

最重要的是，植物拥有模块化的躯体，它们的根、茎、叶都是由简单的小组件构成的组合体，互相依附但又独立存在。如此简单的方式造就了发达的智能，这正是去中心化的意义和魔力所在。

### 1.2.4 杀不死的海星

除了植物，一部分动物也具有类似的分布式躯体，它们拥有神奇的再生功能，比如海星，如图1-16所示。

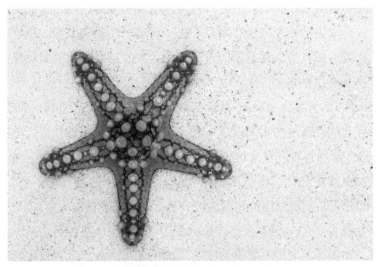

图1-16 海星（来源：Pixabay）

海星是一种食肉动物，它捕食的对象主要是贝类、海胆、螃蟹和海葵等海洋动物，因此往往会对海洋养殖业造成严重损害。

最初，从事海洋养殖业的人们为了减少损失，在捕捉到海星后，一般是将它们弄成碎段，然后投入大海。他们以为这样就可以消灭"敌害"。但是，令他们意想不到的是，海星的数量非但没有因此而减少，反而越来越多。人们为此困惑不解。那么，这到底是怎么回事呢？

原来，海星的腕、体盘受损或自切后，都能够再次生长。海星的任何一个部位都可以重新生成一个新的海星。撕碎的海星被扔到海里，每个碎块又可以长成一个海星。因此，海星的数量不仅没有减少，反而变多了。

海星为何能拥有这样的"本领"？这与海星的自身特征和生存环境有关。海星行动迟缓，经常被天敌如鸟、鱼等撕碎，因此它的再生本领是一种防御天敌和繁殖的手段。海星被攻击后，只要还剩一条腕，过几天就能再生出其他小腕。这样又可以形成一个完整的海星。

科学家发现，当海星受伤时，后备细胞就会被激活，这些细胞包含身体所缺失部分的全部基因，并和其他组织合作，重新生长出失去的腕或其他部分。

不仅仅是海星，章鱼、蚯蚓等很多动物也具有强大的再生功能。

海星等动物"杀不死"的原因在于它们的躯体结构和植物类似，身体的每一个模块都有一套独立的运作机制，整个身体是一种去中心化的形式。这种自然界物竞天择过程中形成的自然法则进一步验证了去中心化的强大之处。

## 1.2.5 可怕的群体智慧

很多小型动物采用群体的方式进行协作，以完成单一个体无法完成的行为。它们当中的每个个体遵守极其简单的规则，最终完成不可思议的协同动作。面对令人惊叹的群体行为，甚至有人怀疑，这些高难度协作的背后是否有神秘力量的驱使。其实，背后的力量不是来自神秘力量，而是来自"去中心化"这一简单原则。

对小型动物而言，单一个体难以面对激烈的生存竞争。为了适应多变的自然环境，防御强大的天敌，捕捉食物，它们以去中心化的方式进行群体协作。

这种协作没有中心化的领导者和发号施令者，每个个体都参照附近的个体进行简单的动作调整，最终可以完成整齐划一的群体工作，这就是群体的智慧。

接下来以蚂蚁、蜜蜂、鱼、椋鸟进行说明。

### 1. 蚂蚁，一流的"造桥"专家

早在一亿年前，蚂蚁就出现在地球上，那个时候，恐龙正在独霸地球。谁都无法想象，体型庞大且凶悍的恐龙早已灭绝，而小得可怜的蚂蚁却奇迹般地活到了现在。

蚂蚁以去中心化的形式进行自我组织。蚁群不需要任何领导监督，便能够根据环境变化迅速调整，有条不紊地开展工作。蚂蚁的这种智慧被科学界称为"蚁群智慧"。

蚁群最令人惊叹的地方是其"造桥"能力。蚁群可以在数倍于其身体远的两端快速建造起一座空中"桥梁"。

巴拿马运河的行军蚁（见图1-17）特别擅长在遇到障碍时用自己的身体搭桥。一个国际科研小组发现，这种"蚂蚁桥"的秘密可能会为开发智能机器人提供思路。

图1-17　行军蚁（来源：Spoils of the raid，作者：Geoff Gallice）

行军蚁喜欢群体生活，一般一个群体就有一二百万只。它们喜欢迁移，没有固定居所，习惯在行动中发现猎物。在遇到水洼等障碍物时，行军蚁能够将彼此的身体连接在一起，搭建一座"桥梁"，供蚁群通过。行军蚁搭建和拆解这种"桥"的速度极快，可以按秒计算。

需要构建"桥梁"的时候，后面的行军蚁会爬到前面行军蚁的身体上，用脚上的钩子紧握对方的钩子，身体叠加起来，直到造出填补空隙的空中"桥梁"。"桥梁"造好之后，后方的行军蚁浩浩荡荡穿过这座临时"桥梁"。随后，行军蚁将"桥梁"迅速"拆除"，继续它们的行程。

行军蚁的视野只有3度，能看到的范围极其有限，那么它们如何知道造多长的"桥梁"呢？它们之间又是如何高效协调的呢？

美国和德国的研究人员进行了一次实验，他们使用倒V形障碍物阻隔行军蚁的觅食路径。行军蚁要想前进，必须穿过障碍物。这个倒V形障碍物具有足够的深度，如果不架设桥梁，爬完全程显然费时费力。

果然，实验开始后，行军蚁选择搭桥来缩短路径。令研究人员惊讶的是，行军蚁并没有选择最短的路线，而是不断尝试。刚开始行军蚁打算把桥造在倒V形障碍物的顶端，但是随后逐渐下调桥的位置，直到找到一个合理的位置。它们为什么这么做呢？

因为，桥梁位于倒V形障碍物的顶端时，桥的长度可以最短，但是行军蚁通过倒V形障碍物的总路线并不是最短的。所以，行军蚁通过调整桥梁位置，试图找到一个最优路径。

另外，研究人员发现，桥的长度并不是任意增加的，当桥造到一定长度时，行军蚁会停止造桥，主动拆掉，这又是为什么呢？

原来，行军蚁会评估造桥的成本效益。如果同一时间造桥的行军蚁太多，则觅食的行军蚁就会变少。所以，行军蚁会将桥的长度控制在一个合理的范围内，以保证造桥成功的情况下，觅食的行军蚁数最大化。

行军蚁群中并没有领头者发号施令，它们也不知道自己的行为有什么意义，那么，这些令人惊叹的壮举是如何实现的呢？

研究发现，行军蚁是通过检测其他行军蚁踩在自己身上产生的力量来造桥。假如经过行军蚁身上的行军蚁大军非常多，行军蚁会感觉到较重，更多的行军蚁会加入搭桥的队伍中,加宽加固桥梁,而一旦通过的行军蚁减少,重量减轻,行军蚁就会自动缩减桥梁的规模。使用这个简单的机制,行军蚁不断修改长度、宽度和它们在桥梁中的位置。

除了造桥,蚁群通过蚂蚁之间有限的信息交换,还可以完成各种不可思议的任务,比如建造配有宏大通道的巢穴,发现食物并长距离搬运。每只行军蚁随机接收其他行军蚁的信息,按照简单规则进行本能行动,如觅食、安家、迁徙等。

简单的群体协作完成了令人赞叹的创举,这就是去中心化的力量。

### 2. 蜜蜂,伟大的"建筑师"

蜂巢(见图1-18)是自然界的奇迹之一。很多人都知道,蜂巢的结构是在节省材料的同时提供最大容积的最优多边形几何结构。蜜蜂不懂几何计算,那么为什么全世界的蜂巢结构都惊人的一致?

图1-18 蜂巢(来源:Unsplash)

古希腊数学家帕普斯(Pappus)曾对蜂群做过深入的研究。蜂房是蜜蜂盛装蜂蜜的库房,它由许多正六棱柱状的蜂巢组成,蜂巢一个挨着一个,紧密排列,中间没有一点空隙。

帕普斯在他的著作《数学汇编》中写道:"蜂房里到处是等边等角的正多边

形图案，非常匀称规则。"从数学的角度看，如果要把整个平面铺满正多边形，那么正多边形的类型有三种：正三角形、正方形和正六边形。蜜蜂之所以选择正六边形，这是因为在采用同样多原材料的情况下，正六边形蜂房具有更大的容积，从而可以储藏更多的蜂蜜。因此，正如蚂蚁造桥时的成本效益评估一样，蜜蜂也会考虑经济效益。

凯文·凯利在《失控》一书中提出了互联网中一个非常关键的概念——涌现。在书中，他以蜂群为例进行解释：在每个蜂窝中，数万只蜜蜂的运动其实是有很强规律性的，既不是某一只蜜蜂说了算，也不是蜂王说了算。实际上，蜜蜂的所有整体运动是通过所有个体密切而相互的作用所产生的结果。也就是说，它们的运动不是一只蜜蜂在领导，而是蜜蜂群体在去中心化的状态下的集体决策。

### 3. 鱼，整齐划一的"仪仗队"

蔚蓝的大海里，成千上万的鱼就像被统一遥控指挥着，整齐划一，忽东忽西地游动，转弯、收缩、扩展，甚至分开又重合，始终保持着一定的韵律。

鱼为什么要组成鱼群（见图1-19）呢？

图1-19 鱼群（来源：Unsplash）

首先，形成鱼群的目的是防御天敌。通过群体行动，鱼群可以更好地发现潜在危险，减少个体被天敌捕猎的风险。当有捕猎者接近和攻击的时候，鱼群边缘的鱼就会有快速逃避的动作，通过侧线反馈机制，整个鱼群可以快速聚散。

其次，鱼群集体行动可以提高觅食成功率。在鱼群里，一条鱼发现了食物，通过侧线反馈机制，整个鱼群都会得到觅食信息，从而达到集体觅食的效果。

最后，鱼群集体行动可以提高水动力效率，使得单条鱼游动起来更加轻松。

那么，鱼群如何协作呢？

与蚂蚁和蜜蜂相比，鱼的智商并不高。鱼的记忆只有 7s，就是一个形象的比喻。

但是，作为一种小型动物，鱼和蚂蚁、蜜蜂一样，它们不是靠有意识的组织、调度形成整体，而是靠简单的本能反应。每条鱼通过视觉接触和侧线相结合的方式来协调身体两侧的鱼。鱼身体的两侧都有一条颜色特殊的侧线，侧线连着鱼身体两侧的器官，通过侧线鱼可以感知身体周围水的极细微的压力变化。每条鱼都以周围 1～2 条同伴的侧线为观察标志，调节自己的游向和速度，以维持适当的距离。

例如，如果左右两侧的鱼转弯或加速，则侧线会感受到，此时鱼会做出反应。这个简单的负反馈机制促使鱼群形成特定的自组织方式。

因此，在鱼群中，一条鱼转弯，它左右侧的鱼也跟着转弯，继而影响其他鱼一起转弯，这个行动在眨眼之间完成。

此外，每条鱼都与同类处于"排斥区"，在该区域内，鱼会自动与左右侧的同类保持一定的安全距离以避免碰撞。

鱼群没有领头鱼的统一指挥，而是每条鱼通过遵守极其简单的规则，即根据周围同类的变化而变化，构成整齐划一的去中心化的鱼群风暴。

### 4. 椋鸟，天空"行为艺术家"

在鸟类世界中，椋鸟是一种在全球分布非常广泛的鸟类。在非洲、欧洲、亚洲和美洲等都有椋鸟的踪迹，而且椋鸟的数量较多，平时结小群活动，迁徙时集大群飞行。

在丹麦的沿海湿地，每到傍晚时分，成千上万只椋鸟在空中集结，它们整齐划一地在空中飞翔，就像表演一场精心排练过的舞蹈一样。如果碰到猎鹰之类的猛禽来袭，它们会快速转弯躲避，整个过程动作潇洒敏捷，而且队形不散，场面壮观，如图1-20所示。

图1-20　椋鸟群（来源：Unsplash）

古罗马人认为，椋鸟一定是得到神的指示，它们在飞行中被神引导，所以才能万鸟如一。20世纪初科学家跟古罗马人的想法差不多，他们认为椋鸟群的飞行是通过心灵感应实现的。

随着科学技术的发展，科学家通过高速摄像机捕捉椋鸟群的飞行细节，然后用计算机模拟椋鸟群的飞行轨迹，终于揭开了这个秘密。

这个秘密非常简单，对每一只椋鸟来说，它只要跟周围7只椋鸟协调行动即可。只要每一只椋鸟都遵守这个规则，就可以实现百万椋鸟整齐划一的大规模行动。这个过程当中没有一只领头椋鸟的统一指挥，也没有神的指示。只需要一个简单的规则就可以实现这种大规模的不可思议的协作动作。

椋鸟群的这种现象再次印证了去中心化协作方式的巨大威力。

## 1.3　文明是"虚构"的现实

### 1.3.1　赫拉利的论断

以色列历史学家尤瓦尔·赫拉利（Yuval Noah Harari）在畅销书《人类简史》

中提出了一个重要的概念：人类文明是"想象的现实"。在这本书中，他向我们证明国家、法律、宗教，甚至正义之所以存在，都只是因为我们共同相信某种高度抽象的理念。

赫拉利在书中说："狼或黑猩猩等动物，都活在一种双重现实之中：一方面很熟悉外在的各种客观实体，比如树木、岩石和河流等；另一方面，也知道自己的主观体验，比如恐惧、喜悦和欲望等。相较之下，智人则是活在一种三重现实之中。除了树木、河流、恐惧和欲望，智人的世界还有各种关于金钱、神、国家和公司等的抽象概念。"

当人开始能够把现实"虚构"成非现实，当人开始在某些情况下不承认现实就是现实的时候，人类的文明就开始了。

我们通过一个简单的例子来说明。猴子也是有知识的，甚至是有语言的。比如，猴群中的猴子看见了老鹰，它会发出一种独特的叫声告诉整个猴群老鹰来了，因为老鹰会抓走小猴，于是所有的猴子都赶紧带着小猴隐藏起来。当猴子看到黑熊来的时候，它们还会发出另一种不同的叫声，告诉整个猴群黑熊来了，因为熊和老鹰一样，对它们来说都是很大的威胁。

人类当年的行为和猴子一样，看到老鹰和黑熊，然后对确认的事实进行表达和转述。但是，人类和猴子不同的是，人类有一天突然会虚构故事了。他们说熊是我们的保护神。从这一刻起，人类文明开始了。

王东岳在阐述中西方哲学对"存在"的理解差异时提到赫拉利的论断。他说，我们古代的黄帝、炎帝，他们的氏族部落就叫"有熊氏部落"。这说明这个部落把熊当作他们的守护神。同样的道理，有的部落崇拜狼图腾、蛇图腾等，他们都高度抽象出某种形象。而这种"虚构"的能力正是人类超越其他动物的根本原因。

我们再以财富和学历来举例说明。

富人和穷人的差异在于，富人银行卡里的余额数字比穷人大，而这一串能够代表财富的数字是"虚构"出来的。富人拥有很多不动产，而穷人居无定所。那么，如何证明富人对不动产的所有权呢？因为富人持有国家出具的不动产所有权证明。一个不动产所有权证明即代表对一套不动产甚至一栋不动产的所有权，这个从属关系是人类共同抽象出来的。

对学历而言，假设张三的学历高于李四，那么如何证明？张三持有教育主管部门颁发的博士研究生毕业证书或在教育主管部门数据库里登记为博士，而李四为学士，因此可以证明张三的学历比李四高。张三拥有博士学位，李四拥有学士学位，这样的一一对应关系，以及博士学位高于学士学位的设定，都是人们共同抽象出来的。

赫拉利还认为，"虚构"这件事的重点不只在于让人类能够想象，更重要的是让人们可以"一起"想象，编织出种种共同的抽象概念，不管是"创世记"、澳大利亚原住民的"梦世记"，甚至连国家也一样，都是一种高度抽象而已。这样的"虚构"故事方式赋予了智人前所未有的能力，让人类能够集结大批人力并高效协作。

总之，人类文明的各种组成，如国家机构、法律制度、市场体制、金融系统以及宗教、文化、思想体系等，都是基于某种抽象建立起来的。虽然人类的秩序是建立在抽象基础上，但是这些抽象的思想（金钱、政治和宗教）已经紧密融入现实社会中。

## 1.3.2 文明大迁徙

"虚构"是人类文明的起源，也是人类文明的最终归宿。从现实世界到元宇宙，是一次人类文明的大迁移。

根据赫拉利的论断，人类早期文明起源于"虚构"。而未来的元宇宙也是虚构的。元宇宙的虚构比现实世界更彻底，在元宇宙中，我们的感官感知的所有的东西都是虚构的。

从现实世界到元宇宙，文明的本质都是一致的，是"虚构"的产物。所以，从现实世界到元宇宙是一次文明的全面迭代和升级。我们将在元宇宙当中进一步发挥抽象能力，创造更多的人类文明。

既然文明是"虚构"出来的，那么"虚构"方式的进步是推动文明发展的重要因素。在现实世界，"虚构"主要通过人脑进行，利用数据进行记录。而在元宇宙中，除了人脑"虚构"，还有人工智能，人工智能将会创造更多的虚构内容。

当然，元宇宙中人脑"虚构"的部分与现实世界也有本质上的不同。由于当前现实世界中的虚构需要保存在中心化的服务器中，自然会受到中心化的干预。哪些虚构的内容可以保存，哪些虚构的内容不可以保存，这些都由中心化的存储服务提供商决定。而在元宇宙时代，一切虚构的内容基于 Web3 构建。Web3 是世界级的加密经济底层，是一个全球化的超级计算机，其中分布式公链充当超级系统，分布式存储服务器充当超级硬盘，这种分布式的方式不受中心化机构的干预，使得虚构的内容更加丰富和多元化。

总之，在元宇宙时代，对现实的选择性虚构将演化为全面、彻底的虚构，人类文明将朝着终极形态迈进。从另一个角度说，人类文明需要加速向前演进以满足诉求，这将在某种程度上推动元宇宙出现。

## 1.4 从碳基到硅基

### 1.4.1 碳基与硅基

碳基与硅基是宇宙当中最可能演化为生命的两种形态，地球上的碳基生物创造了地球文明，而在浩瀚的太空可能存在着比人类更加智能的"硅基生命"。

**1. 什么是碳基生物**

目前地球上的所有生物都是碳基生物。碳基生物是指以碳元素为有机物质基础的生物。因在构成其机体的氨基酸中，连接氨基与羧基的是碳元素，故而得名碳基生物。

碳骨架（见图 1-21）是许多种有机化合物的基础，能够形成复杂多样的高分子有机物。这主要有两方面的原因：一方面，碳原子有四个自由电子，其失去电子的能力（还原性）和得到电子的能力（氧化性）相当；另一方面，碳原子只有两个电子层，所以活泼性又比同族的硅、锗、锡、铅强。因此，碳链的长度可以组合至数千个。

任何一个生命形态要想维持生存，必须从外界获取能量、储存能量、利用能量。碳基生物储存能量的方式是碳水化合物。在碳水化合物中,碳原子由单键连接成一条链,由酶控制的碳水化合物的一系列氧化步骤会释放能量,废弃物则是水和二氧化碳。碳基生物体内的分子大多因含有的碳原子的不对称性而出现左旋或者右旋。正是这个特点使得酶能够充分发挥专一性。碳基生物体内的酶能够依照分子的形状以及左旋、右旋催化特定的反应,识别和规范自身大量不同的新陈代谢进程。

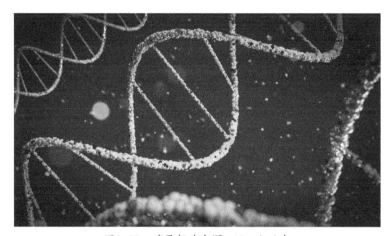

图1-21　碳骨架(来源:Unsplash)

但是碳基生物有一个致命的弱点,即碳基生命体的分子结构是不稳定的,难以承受高温、低寒、病菌攻击和射线辐射等伤害。

人类为什么是碳基生物?这与地球的环境有关。

地球表面的温度维持在 $-20℃ \sim 50℃$,在这个温度下碳原子比较活跃,并且可以与其他原子结合成复杂的有机物,有机物进一步演化为单细胞生物、多细胞生物等复杂有机体,最终演化出人类这样的高级生物。另外,地球上丰富的水资源可以促进生物演化。

在地球的环境下,硅不具备演化成复杂大分子的条件。因此,地球上无法形成硅基生物。

### 2. 宇宙中有没有硅基文明

硅是元素周期表上另外一种和碳具有类似性质的元素。硅和碳一样,最外层都有 4 个电子。它能与氧结合，并生成与 DNA 分子长度相当的长聚合物。

"硅基大脑"比碳基大脑有更多的优势。这种类型的大脑更适合在太空生存，没有任何的生理限制，而且它们的计算能力超强。理论上，拥有"硅基大脑"的生物将会快人类一步达到超级智慧等级。

1891 年，波茨坦大学的天体物理学家儒略·申纳尔（Julius Sheiner）在一篇文章中探讨了以硅为基础的生命存在的可能性，他第一次提出了"硅基生命"的概念。后来，这个概念被英国化学家詹姆斯·爱默生·雷诺兹（James Emerson Reynolds）所接受。1893 年，雷诺兹在一次演讲中指出，硅化合物的热稳定性使得以其为基础的生命可以在高温下生存。

硅元素在宇宙中分布广泛，在元素周期表中位于碳的下方，与其同主族，所以和碳元素的许多基本性质相似。例如，硅可以形成硅烷（$SiH_4$），这与碳能和四个氢原子化合形成甲烷（$CH_4$）相类似，三氯硅烷（$HSiCl_3$）与三氯甲烷（$CHCl_3$）类似，以此类推。

此外，硅和碳一样，都可以与氧交替排列，组成聚合物或者长链，从而搭建生物体的"骨架"。

所以，硅看起来是一种能够作为碳替代物构成生命体的很有前景的元素。*Extraterrestrials: A Field Guide for Earthlings* 一书的作者迪金森（Dickinson）和斯凯勒尔（Schaller）认为，硅基生物的形态有可能看起来像一些会活动的晶体。一个个晶体部件被类似玻璃纤维的丝线串联起来，这些丝线充当肌肉的角色，构成了灵活、轻巧甚至薄而透明的生物结构。

虽然未经科学证实，但是，我们也不能否认遥远的外太空存在硅基文明的可能性。

### 1.4.2 由碳向硅，文明载体的转变

人类用大脑"虚构"文明，并将文明用文字记录下来。人类早期采用结绳记事的方式来记录，在发明文字和造纸术之后，对记录载体进行了升级，由绳子变成纸张。但是，在计算机发明之前，包括"虚构"的主体和记录的载体都以碳基的形式存在。

**1. 硅是信息技术的关键材料**

1946年,世界上第一台计算机问世。该计算机使用的是电子管,电子管的数量达到18 000个,总重量30吨,占地150m²。

后来科学家发明了晶体管,晶体管功耗低、体积小且寿命长,最早的晶体管是使用半导体材料来制作的,从此微电子和集成电路板(见图1-22)出现在人们视野当中。

图1-22 集成电路板(来源:Unsplash)

为什么使用半导体制作晶体管呢?原因是,选择计算机晶体管的基本材料时,电阻是首要的考虑因素。因为需要对晶体管的开关进行控制,所以既不能用很容易导电的导体,也不能用不能导电的绝缘体。半导体的电阻介于导体和绝缘体之间,也就是说其在不同条件下会表现出不同的性质,因此是晶体管材料的最佳选择。

理论上,所有半导体都可以作为芯片材料,但是硅具有性质稳定、容易提纯、储存量巨大等优势,是所有半导体材料中最适合做芯片的。

首先,在地球上,硅是仅次于氧的第二丰富的元素。二氧化硅是沙子的主要成分,花岗石、石英等都包含硅氧化合物。

其次,硅的提纯技术成熟,制作成本低。最初晶体管之所以使用锗作为芯片材料,是因为当初硅元素的提纯技术还不够成熟。

最后，硅的物理性质和化学性质都很稳定。用锗做成的晶体管，当温度达到75℃以上时，其导电率会有较大变化，而且做成PN结后锗的反向漏电流比硅大，这一点会严重影响芯片的稳定性。

正是因为这些特性，从20世纪中叶开始，硅就成了信息技术的关键材料，而且是目前信息技术领域应用最多的半导体材料。

### 2. 硅基承载未来文明

在人类"虚构"文明的道路上，科幻小说作家和科幻电影导演、编剧永远站在最前沿。

著名科幻作家斯坦利·维斯鲍姆（Stanley Weisbaum）在其1934年发表的作品《火星奥德赛》（*A Martian Odyssey*）一书中描述了这样一种硅基生命：该生命体有100万岁，每10分钟会沉淀一块砖石——二氧化硅。

在刘慈欣的科幻作品《山》中，硅基文明这样介绍自己：

我们是机械生命，肌肉和骨骼由金属构成，大脑是超高集成度的芯片，电流和磁场就是我们的血液。我们以地核中的放射性岩块为食物，靠它提供的能量生存。没有谁制造我们，这一切都是自然进化而来，由最简单的单细胞机械，由放射性作用下的岩石上偶然形成的PN结进化而来。我们的原始祖先首先发现和使用的是电磁能，至于你们意义上的火，我们从来就没有发现过。

在科幻电影《星际迷航》中就出现过名叫Horta的硅基生命：每过5万年，所有的Horta都会死去，只剩下一个生命体活着，照看孵化的蛋。

科幻作家想象的场景，往往最终由科学家实现，历史已经证明了这一点。从电话到计算机，"千里眼""顺风耳"的幻想已经变成现实。除了地外可能存在的硅基文明，地球上也在孕育着一场硅基革命。

一方面，随着人工智能、云计算、5G等信息技术的高速发展，未来一切行业都由芯片驱动，而硅元素是芯片的内核。

嗅觉灵敏的孙正义早就预料到这一点，2016年，为了获得硅基文明的"船票"，他斥资321.7亿美元（1美元约合6.3人民币）收购ARM公司。此前，ARM公司曾拒绝苹果公司收购。

随着数据的爆炸式增长，数据服务器、穿戴式 VR（Virtual Reality，虚拟现实）/AR（Augment Reality，增强现实）、物联网设备、低空飞行设备、人体机械设备等各类电子设备层出不穷，以硅为内核的芯片和集成电路板将无处不在。硅基所承载的人类文明的容量将逐步超越碳基。

另一方面，机器人和人工智能的高度发展，可能促使硅基体产生独立于人类的智能，又或者虚拟世界产生的智能可以操控现实世界的硅基生命体。这将使得硅基不仅能承载人类文明，而且会自我创造文明。

总之，人类文明的载体正在从碳基向硅基加速演化，而硅基文明必将进一步推动人类社会向元宇宙时代迈进。

## 1.5 无处安放的大数据

什么是数据呢？数据是对人类所能感知到的一切信息的记录。比如对自然、社会现象和科学实验的定量或定性的记录。从某种意义上说，人类社会的历史就是一部数据记录的历史。

### 1.5.1 数据量暴增

从原始社会结绳记事开始，人类就开始创造数据、记录数据、分析数据，用数据来指导生产和生活。

随着社会的发展，数据的类型不断增多，范畴不断扩大。从最开始的文字到现在的图片、音频、视频等各种形式的数据内容。我们现在所说的数据，基本上包括了我们能看到的和看不到的东西，比如我们开会用的演示文稿、手机中存储的东西等，这些都是数据。

所以说，人类"虚构"了文明，文明以数据的形式保存了下来。

随着全球信息化产业的高速发展，5G、AR/VR、物联网、边缘计算等产生海量数据的新兴技术（见图1-23）快速涌现，数据存储量呈现爆炸式增长。

2018年11月，国际数据公司（IDC）发布了《世界的数字化：从边缘到核心》调研报告。该报告指出，全球数据量将从2018年的33ZB增至2025年的

175ZB，年增长率50%。

175ZB数据大概需要1 872亿块1TB硬盘来存储。如果把1ZB的文件存储到1TB的硬盘中，大概需要10亿块1TB硬盘，这些硬盘连接起来足够绕地球两圈半。

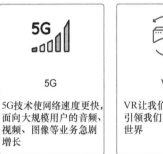

图1-23　产生海量数据的新兴技术

研究机构MarketsandMarkets发布的全球数据存储市场规模预测显示，到2024年，全球数据存储市场将破千亿美元大关，达到1 022亿美元，如图1-24所示。

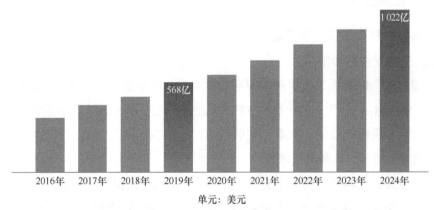

图1-24　全球数据存储市场增长（数据来源：MarketsandMarkets）

在该预测期间（2019—2024年），全球数据存储市场规模的年复合增长率为12.48%。

## 1.5.2 数据处理新秩序

在全球数据量极速暴增的状况下，现有的存储方式面临重大挑战，数据存储和处理都需要新的方式。

现有的数据存储采用集中存储方式，该行业发展的历史已达十余年之久。虽然近年来随着云计算技术的发展该行业爆发出了新的活力，但总体来看难以与急剧增长的数据量相匹配。该行业中的各参与方均面临不同程度的痛点。

1）存储需求难以满足

随着全球信息化产业的高速发展，数据存储量呈现爆炸式增长。Gartner 的报告显示，2020 年，全球数据量已达到 35ZB，需要 80 亿块 4TB 硬盘才能存储。

因为传统的数据处理架构和数据存储方法具有天然的局限性，所以企业及个人数据存储急剧增长的需求难以由传统集中数据存储方式满足。

2）数据安全性担忧

数据存储需求方（企业或个人）首要考虑的是数据存储的安全性。但是目前集中式数据存储服务无法最大限度地保障存储数据的安全，甚至个别平台还会利用数据作恶。

3）存储费用高昂

由于传统的集中数据存储方式需要较高的运维成本，导致存储服务费用居高不下，从而增加了需要存储服务的企业和个人的使用成本。相对而言，分布式云存储服务更有价格优势，比如 Siacoin 的分布式存储成本比现有的集中式云存储提供商低 90%，在 Siacoin 上存储 1TB 文件的费用约为 2 美元 / 月，而使用 Amazon S3 所需费用为 23 美元 / 月。

4）个性化存储服务不足

数据存储与系统调配服务主要依赖于中心化平台处理，但是相对于分布式云存储扁平化智能解决方案，中心化的层级处理决策模式显得冗余而又机械。尤其是 5G 等新兴科技的发展，个人数据存储需求具有多样化特征，需要多元化的解决方案。

此外，对传统集中式存储服务的提供商而言，互联网数据中心行业也存在诸多痛点，如数据中心维护巡检工作量大、数据中心运维人员素质要求高、数据中心规划设计专业和复杂性强、常规呈现方式不直观、数据中心建设要求高、交付风险高等。

不仅数据存储领域需要分布式存储这样的新型存储方式，而且数据处理、数据收集方式也需要人工智能、物联网等新兴技术对其进行改造。总之，未来呈指数级暴增的海量数据急需建立一套新的数据处理秩序。

新的数据处理秩序呼唤并催生了元宇宙时代。新的数据处理秩序将在元宇宙时代完成构建。

## 1.6 自由与永生

元宇宙能否发展，最终要归结到有没有参与者。元宇宙建设得再好，如果没有用户进入，元宇宙就是一个伪命题。那么人们进入元宇宙的原动力是什么？人们为什么愿意争先恐后地进入元宇宙呢？

### 1.6.1 自由，进入元宇宙的原动力

什么是自由？满足自己生存和发展的需求即自由。

在现实世界中，有太多的规矩需要遵守，如国家法律、公序良俗等。

为什么很多人沉迷网络小说？网络小说的情节设定大都是普通人逆袭、穿越、重生等。要么是穷小子阴差阳错获得超能力，翻身逆袭成功人士；要么是主人公穿越到古代，通过未卜先知取得一番丰功伟业；又或者就是时光倒流，主人公重生，重新选择自己想要的人生。这些情节都是在现实世界中无法实现的事情，读者在阅读小说的同时，把自己假想成主人公，在小说营造的虚幻世界中获得心理上的慰藉，体验了一次满足自我实现需求的虚拟人生。

为什么很多人沉迷网络游戏？在网络游戏中，玩家可以操控游戏中的角色进行社交、完成任务，以一个全新的身份赢得荣耀、获得尊重与成就感。相对小说而言，游戏省略了假想的环节，用户可以直接参与其中，获得更好的沉浸感。

在科幻小说《真名实姓》中，主人公在现实世界中是一个普通人，但在网络世界中是一个名叫"滑溜先生"的大巫。在科幻小说《雪崩》中，主人公在现实世界中是一个外卖员，而在网络世界中是一个智勇双全的"剑斗士"。在电影《头号玩家》中，主人公在现实世界中也是一个籍籍无名的小角色，但是在网络世界中却能叱咤风云，成为战胜反派的大英雄。

这些大受欢迎的小说和电影讲的都是普通人逆袭、拯救世界的故事。为什么普通人逆袭的故事最动人？因为现实生活中的很多人都不满现状，想要逆袭。在未来的元宇宙中，每个人都可以化身其中，像科幻小说和电影中的主人公那样，实现马斯洛需求层次理论中最高级的自我实现需求。

根据马斯洛的需求层次理论，生理需求和安全需求属于功能需求，需要在现实世界满足，更高层级的社交需求、尊重需求和自我实现需求属于精神需求，在现实世界中无法满足，可以在虚拟世界中满足，如图1-25所示。

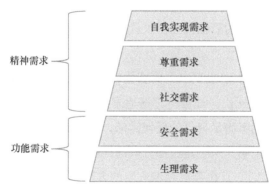

图1-25　马斯洛需求层次分为功能需求和精神需求

在元宇宙中，用户可以社交，找到志同道合的人，获得归属感；可以创作想创作的东西，赢得他人的尊重；可以与他人协作、交换价值，干一番现实世界中无法完成的轰轰烈烈的"事业"，实现自我价值。

元宇宙是一个全新的世界，你可以不受生老病死的限制，不断复活；你可以不受管束，做自己想做的事情；你可以重新设定和塑造自己的人生，成为自己想要成为的人。

自由，是每个人的终极需求，而元宇宙将给予这一切。

## 1.6.2 永生，人的终极追求

对人类而言，除了自由，另外一个最大的需求就是永生。就本质而言，永生也是自由的一种，即人的生命突破碳基肉体的限制。在科幻世界中，东方有长生仙药，西方有永生吸血鬼，这些都是人们对永生的畅想。

中国古代的帝王很多都热衷于永生。他们曾经拥有整个天下，但却无法自由掌控自己的生命。

秦始皇是中国历史上第一位称帝的君主，同时也是迷恋永生之术的鼻祖。秦始皇去山东泰山、琅琊等地封禅祭神时，听齐人徐福说海中有蓬莱、方丈、瀛洲三座神山，里面居住有仙人，于是便派徐福率领童男童女数千人同去海上求仙，试图找到永生仙药。

继秦始皇之后，汉武帝刘彻在追求永生的道路上也不甘人后。在《史记·武帝本纪》中几乎一半的篇幅都在讲汉武帝如何终其一生宠信方士，劳师动众，追求仙药。

以上两位是追求永生帝王中的典型代表，此外，还有唐太宗、嘉靖帝、雍正帝等，他们都害怕死亡，都曾不懈地追求过永生。他们身为帝王，在专制的封建社会，可以说能够满足自己的任何需求，但是他们却无法延续自己的生命。从这个角度也可以说明，永生是这部分人的终极需求。

时至今日，人们一直在苦苦寻求永生的方法。科学家曾对地球上能永生的物种"灯塔水母"❶进行过研究，希望借此探索永生的奥秘。有人试图用冷冻技术把自己冷冻起来，等待几百年后解冻，期望到那个时候发明永生的方法。有的科学家提出修复干细胞的方式，让干细胞具有不断自我更新的能力，借此能够无休止地修复个体的脱氧核糖核酸（DNA），恢复受损的组织，从而达到永生的目的。还有科研团队在研究如何将意识记忆完全移植到克隆体上，通过克隆，完成永生。

---

❶ 灯塔水母是一种能够以水螅体进行无性繁殖，而且可以从成熟阶段恢复到幼虫阶段的生物。

其实，归根到底，人之所以活着，是人感觉自己活着。人活着不是碳基肉体的延续，而是大脑意识的永恒。从这个角度说，只要大脑意识和记忆得以延续，即使没有了肉体，人依然可以实现永生。

美剧《上载人生》描绘了人在死后将意识上传至云端，从而获得永生的场景。虽然这仅仅是设想，但是，未来在元宇宙中或许可以实现这一切。

正是因为人们的"自由"和"永生"这两大内在动力推动着元宇宙的进程不断向前。

CHAPTER 2
第2章

# 重新定义元宇宙

▲
▲

尽管将元宇宙上升到哲学高度的做法有些夸张，但是元宇宙也绝不仅仅是一项技术。元宇宙是囊括了现有技术及未来技术，以加密经济为内核，并结合社会治理为一体的超级文明形态。

多重、开源、开放、去中心化是元宇宙的特性。互联网巨头用中心化手段建立的所谓元宇宙最终难成正果。来自社区和用户的力量正如燎原星火，为元宇宙的构建增添无穷的新力量。

然而，关于元宇宙的定义，不同的专家各执一词，众说纷纭。传统的主流专家更是用固化思维做推演，多少有些盲人摸象的意味，难言其中要害。

因此，我们需要对元宇宙重新进行定义。那么，真正的元宇宙到底是什么？

## 2.1 元宇宙的前世今生

### 2.1.1 "元宇宙"一词的由来

元宇宙是 Metaverse 的中文翻译。Metaverse 一词由前缀"meta-"(元)和单词"universe"(宇宙)组合而成,出自科幻作家尼尔·斯蒂芬森(Neal Stephenson)在 1992 年出版的小说《雪崩》(*Snow Crash*),是作者创造的术语。

在《雪崩》的中译本中,Metaverse 一度被译为"超元域"。2021 年 3 月,在线创作沙盒游戏平台 Roblox(罗布乐思,见图 2-1)在美国纽约证券交易所上市,当日股价暴涨 54%,市值超过 400 亿美元,与 2020 年的估值相比暴涨 10 倍。

图2-1　Roblox海报(来源:Roblox)

在招股书中,Roblox 提及 Metaverse 一词,并引用其首席执行官此前观点:"Metaverse 是科幻作家和未来主义者构想了超过 30 年的事情。现在,拥有强大算力的设备进一步普及,网络带宽进一步提升,实现 Metaverse 的时机已经趋于成熟。"

随着 Roblox 的火爆,Metaverse 的概念引发市场广泛关注,受到美国科技圈追捧,Metaverse 迅速成为网络热词。随后,"元宇宙"替代"超元域",作为 Metaverse 新的中文翻译在国内传播开。

要想准确理解"元宇宙"的真正含义,须从 Metaverse 一词及其所在语境入手，而不能局限于对汉字"元"的理解。从词源上说，"meta-"源自希腊语 μετά。英国朗文词典对前缀"meta-"的解释如下：

（1）beyond or at a higher level（超越或处于更高的水平）

（2）relating to a change of state or position（状态或位置的变化）

因此，从严格意义上说，Metaverse 有两层意思。第一层意思为 Metaverse 是超越现实的更高维度的宇宙，是现实宇宙的扩展。第二层意思为 Metaverse 是一个动态变化的宇宙，任何 Metaverse 之间、Metaverse 和现实世界之间都可以任意穿梭。

但是，汉字"元"的主要意思为"本源""本质""最初"，与英文原文的含义并不完全吻合，因此，"元宇宙"的译法并不准确。

Metaverse 之所以翻译为"元宇宙"，一是因为将前缀"meta-"固定翻译为"元"的译法已在计算机领域广泛应用，二是因为这种译法与将哲学作品 *Metaphysics* 译为《形而上学》有相似的哲学逻辑。

在理工科词典和计算机术语中，取"元"的整体结构和"本质"之意，此意与"meta-"的"超越""更高"有相同之处。"超越""更高"可以理解为站在更高的角度描述该事物——站在更高的角度方能看清事物的本质。从这个意义上说，"元"所具有的"本质"之意与其相契合。同时，Metaverse 在技术层面与计算机领域高度关联。因此，Metaverse 最初被相关人士译为"元宇宙"并传播开。

*Metaphysics* 是由亚里士多德创作、安德罗尼柯整理出版的一部哲学著作，涉及亚里士多德关于事物本质、灵魂、意志自由等具体对象以外的理论。书名在 physics（物理学）前增加前缀"meta-"，意为本书超越研究事物具体形态变化的著作《物理学》，位于其之上。日本明治时期哲学家井上哲次郎根据《易经·系辞》中"形而上者谓之道，形而下者谓之器"一语，将 Metaphysics 一词翻译为"形而上学"，该译法被大众所接受。顾名思义，形而上就是形态之上的东西，高于物质世界，是一种哲学思维。在汉语中，"元"为万物之本源之意，"元"与"meta-"具有哲学意义上的一致性，这也是将其翻译为"元"的原因之一。

即便如上所述,"元"的译法也仅与"超越或处于更高的水平"的意思相通,无法涵盖变化的意思。因此,我们在理解元宇宙概念时应该摆脱"元"字的限制,以英文前缀"meta-"本身的含义去理解,以准确探寻 Metaverse 的真谛。

### 2.1.2 元宇宙市场火热

**1. 互联网巨头纷纷入场**

Roblox 上市取得巨大成功之后,互联网巨头纷纷跟进,布局元宇宙。

2021 年 4 月,游戏开发商 Epic Games 宣布投入 10 亿美元,用于打造元宇宙空间。

2021 年 7 月,Facebook 公司(后改名为 Meta)创始人马克·扎克伯格(Mark Zuckerberg)在 Q2 财报会上宣布,将成立元宇宙项目团队,最终目标是在 5 年后完全转型为元宇宙公司。

2021 年 7 月,英伟达(NVIDIA)公司宣布联手 Adobe 公司和 Blender 公司,对虚拟协作平台 Omniverse 进行重大扩展,在未来将会向至少数百万元宇宙用户开放。

2021 年 7 月,微软公司首席执行官萨蒂亚·纳德拉(Satya Nadella)提出"企业元宇宙"的概念,即通过构建资产、产品的数字模型,形成跨越人、地方、事物及其互动的复杂环境,实现物联网、混合现实的整合,并以此提高在专业软件市场的主导地位。

此外,谷歌公司、亚马逊公司等互联网巨头早年已在 VR 购物等元宇宙相关领域进行布局。

国内互联网巨头也纷纷入场,启动注册"元宇宙"相关商标、投资 VR 硬件厂商、打造元宇宙项目等一系列动作。

**2. 资本争相布局**

风投资本的掌舵者是十分聪明的,他们深知移动互联网时代红利已尽,抢先押注趋势性赛道。

2021 年 4 月,全球范围内涌现出"元宇宙热",VR/AR 行业共完成 19 笔融资并购,融资额环比增长两倍多。8 月,元宇宙兴起的势头愈演愈烈,VR/

AR 行业全球融资完成 22 笔，总金额超过 18 亿美元。

一些顶级资本纷纷进入元宇宙赛道。据媒体消息，红杉资本和指数创投（Index Ventures）对 Rec Room 领投了总额达 1 亿美元的融资。该轮融资使 Rec Room 的估值达到 12.5 亿美元。腾讯公司投资 Roblox、WaveVR、Avakin Life，网易公司投资 IMVU，字节跳动公司也投资类似 Roblox 的公司代码乾坤。

五源资本更是全面布局元宇宙赛道，投资领域几乎涵盖元宇宙所有领域：社交领域的绿洲 VR、游戏引擎领域的 Bolygon、虚拟 AI 领域的超参数和元象唯思、游戏领域的 Party Animal 等。

### 3. 搜索指数飙升

搜索引擎目前仍是用户获得信息的主要途径，从"元宇宙"搜索指数的变化，我们可以看到人们对其关注度的变化。

2021 年 6 月，百度指数收录"元宇宙"词条，9 月该词条迎来搜索量大爆发，目前处于稳步增长中，如图 2-2 所示。

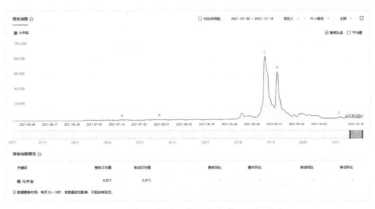

图2-2　百度指数中"元宇宙"词条的变化

据谷歌趋势显示，Metaverse 一词的搜索量在 2021 年 4 月暴涨，随后回落，进入持续增长状态，如图 2-3 所示。

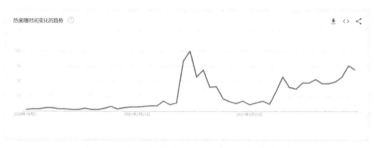

图2-3 谷歌趋势中Metaverse词条的变化

### 2.1.3 科幻小说的憧憬

人类因梦想而伟大。纵观当前的人类社会,很多原本存在于想象中的东西已经变成现实,很多现实科技曾经只能存在于想象中。从某种意义上说,科学幻想引领了技术发展方向,人类社会的历史就是一部把梦想变成现实的历史。

数十年来,科幻小说家已经构思出"元宇宙"的世界。在他们的作品中,元宇宙栩栩如生,现实世界的人们以另一种身份穿梭其中,演绎着引人入胜的故事。他们描绘的元宇宙有血有肉,为我们正在建设的元宇宙提供了蓝图和目标。

**1.《真名实姓》:第一本元宇宙科幻小说**

最早的元宇宙科幻小说要追溯到1981年出版的《真名实姓》(*True Names*)。

该书的作者弗诺·文奇(Vernor Vinge)在书中构思了一个可以通过脑机接口(Brain Computer Interface,BCI)进入并拥有沉浸式感官体验的虚拟世界。

这是一部中篇小说,故事情节并不复杂:

网络世界中的滑溜先生被现实世界中的国家安全部门控制,作为卧底调查网络世界中"邮件人"的真实身份。回到网络世界后,滑溜先生和埃莉发现"邮件人"的终极阴谋是发动更大规模的网络攻击,彻底摧毁人类现实世界。在善良的埃莉的请求下,滑溜先生与埃莉一起在政府的帮助下在网络世界中打败"邮件人",最终将罪魁祸首——一小段原始程序进行修正,阻止"邮件人"再生,避免了大规模灾难的发生。

总体来看,这是一个人类战胜计算机代码的故事。书中,作者形象地描绘了元宇宙的样子。人类可以通过脑机接口登录虚拟世界。虚拟世界中，人们不仅可以有真实的生存体验，而且可以按照自己的喜好幻化成不同的形象。

在当时，互联网处于萌芽阶段，尚未普及。而作者在这样的背景下能够预料到脑机接口技术并基于该技术进入虚拟世界，不得不佩服其想象力和具有前瞻性的构思。值得一提的是，作者弗诺·文奇是一名数学家兼计算机教授，拥有极高的科学素养，因此他的作品中描述的科学幻想设定细节丰富而又不失严谨。

该小说发表后大受欢迎，成为作者的成名作，这充分说明读者认可书中的设定，甚至把数字主角当成自己。这表明每个人都梦想有一天能够穿梭虚拟世界，任意变换成自己想要的角色。

**2.《雪崩》：首次提出元宇宙概念**

《真名实姓》发表10年后，尼尔·斯蒂芬森出版科幻小说《雪崩》。

相对《真名实姓》而言，《雪崩》对元宇宙的描述更加具象化，并且提出了专属名词Metaverse。

书中"雪崩"指的是一种病毒，这种病毒不仅能在网络上传播，而且能在现实生活中扩散，造成计算机系统崩溃和人类意识失灵。

小说描述的故事发生在21世纪的美国洛杉矶，此时美国社会濒临崩溃，美国政府将大部分权力给予私人企业家和组织，国家安全交付给雇佣军队。政府只承担一些烦琐的简单职能。中央情报局变成中央情报公司，国会图书馆成了中央情报公司数据库，大量原本的政府职能已经由公司完成，大部分的土地被私人瓜分，并且成为个人领地，整个社会几乎处于无政府状态。

在这个混乱颓废的现实世界中，主人公弘过着浑浑噩噩的生活。在失去工作之后，他成为一名送比萨的外卖员，过着苟且的底层生活。但在虚拟世界Metaverse中，他是首屈一指的黑客、擅使双刀的武士。他的名片上写着"最后的自由黑客和世界上最强的剑斗士"。

在虚拟世界中，他遇到一名叫Y.T.的女孩，他们决定并肩从事情报工作。在工作中，他们发现了一种名叫"雪崩"的药物，而这种药物实际上是一种致命病毒，与某个神秘组织有关，即将对人类造成巨大威胁。于是，在Y.T.的帮助下，弘肩负起拯救世界的重任，并最终获得成功。

在小说中,作者创造了一个虚拟世界 Metaverse,它与现实世界平行,在现实世界中地理位置彼此隔绝的人们可以通过各自的"化身"在 Metaverse 中自由穿梭并交流、协作。

### 2.1.4 科幻影视剧的畅想

除了科幻小说家,影视剧编剧和导演也具有令人惊叹的想象力。他们对元宇宙的奇思妙想完美地体现在荧幕上。而且,电影的表达形式比小说更加娱乐化和形象化,对观众来说更加易于接受。

#### 1.《头号玩家》

《头号玩家》(*Ready Player One*)是十分具有代表性的元宇宙电影。史蒂文·斯皮尔伯格(Steven Spielberg)在片中淋漓尽致地展现了未来的虚拟世界。片中 VR 眼镜、体感穿戴等设备基本接近当前的技术水平,通过虚拟世界与现实世界的切换,让观众感觉身临其境,深信元宇宙时代即将到来。

影片的故事情节概要如下:

2045 年,现实世界破旧不堪,人们纷纷沉迷于虚拟世界。最大的虚拟世界"绿洲"的创始人临终前宣布,将亿万身家全部留给寻获他隐藏的彩蛋的游戏玩家,由此引发了史上最大规模的寻宝冒险。经过与反派的一系列斗智斗勇,年轻的主人公最终取得了一个圆满的结局。

#### 2.《失控玩家》

《失控玩家》(*Free Guy*)的故事设定不同于其他电影,故事的主人公是一个虚拟人物,是游戏中的角色,而不是真实的人。该虚拟人物拥有自我思想,试图改变自己的命运。在元宇宙发展的更高级阶段,元宇宙当中也可能出现大量具有人类思维甚至感知的非人类角色,该影片契合了这一点。

影片的故事情节概要如下:

故事的主人公是一位银行柜台职员,日复一日做着无聊的工作、过着无聊的生活。直到某一天,他突然发现自己是游戏《自由城市》中可有可无的配角,于是决定突破游戏设定的框架,去改写自己的命运。故事的结尾,男女主人公没有在一起,这是一个伤感的结局。

### 3.《盗梦空间》

《盗梦空间》(*Inception*)设置了多重梦境,即梦境中的梦境,具有哲学的意味。这种状况相当于在元宇宙中再构建元宇宙,层层嵌套。这样的设定会使得用户无法分辨现实世界和虚拟世界,未来元宇宙也很有可能进入这个阶段。

影片的故事情节概要如下:

富商斋藤为了不让竞争对手的儿子小费舍继承衣钵,遂聘请柯比的盗梦团队在小费舍潜意识中植入放弃继承公司的想法。柯比被冤枉杀害妻子,不能回国看望自己的孩子,因斋藤可以帮他平安回国,所以接受了任务。

任务中有数层梦境,盗梦团队队员层层深入,同时对抗着小费舍潜意识的武装军队。最终,柯比克服潜意识中有关妻子的心理障碍,坚强地度过永远迷失在梦里的危险,并从潜意识的边缘救出已迷失的斋藤。

最后,柯比带领团队完成任务,回到现实世界,并与自己的孩子团聚。但是,影片结尾暗示这一切仍在梦中发生,留下了一个开放结局。

### 4.《黑客帝国》

《黑客帝国》(*The Matrix*)于1999年上映。该片以人类摆脱人工智能控制并与其斗争为主轴,展示了一个通过脑机接口接入的虚拟世界。

影片的故事情节概要如下:

尼奥是一名年轻的网络黑客,生活在矩阵当中。这个矩阵看起来是一个正常的现实世界,但是尼奥发现它似乎被某种力量控制着,于是便在网络世界中进行调查。与此同时,在现实中生活的人类反AI组织负责人船长也一直在矩阵中寻找传说的"救世主"。于是在船长的协助下,男主逃离了矩阵,回到现实世界当中。

《黑客帝国》的续作《黑客帝国2:重装上阵》(*The Matrix Reloaded*)和《黑客帝国3:重返矩阵》(*The Matrix Revolutions*)延续了剧情。

### 5.《上载人生》

《上载人生》(*Upload*)是一部美剧,讲述了现实生活中死去的人通过保存大脑意识数据获得永生的故事。根据剧中的设定,人之所以感觉自己活着,本质是因为大脑具有意识，如果把大脑意识的数据保存下来，那么人完全可以在元宇宙当中获得永生。

该剧的故事情节概要如下：

2033年，虚拟现实酒店变成现实，将死之人可以"上传"至其中以安享后世。洛杉矶一名程序员内森因遭遇自动驾驶事故，伤势严重，女友竭尽全力劝他放弃抢救，上传意识，进入一个叫作"湖景"的豪华虚拟世界。在虚拟世界中，主人公发现自己的一个记忆片段被删除，于是展开了追查。

## 2.2 元宇宙不只是一项技术

### 2.2.1 元宇宙不只是虚拟现实

2015年，虚拟现实大热，各路投机资金奋不顾身地扎堆"虚拟现实"板块，人们更是将2016年称为虚拟现实元年。然而，所谓的元年并未到来，虚拟现实在炒作过后归于沉寂。

虚拟现实并非一项全新的技术，早在1962年美国摄影师莫顿·海利格（Morton Heilig）就发明了一种立体电影设备，使得人们能通过机器设备获得与现实环境类似的体验。2016年谷歌公司、Facebook公司、三星公司和苹果公司等互联网巨头的介入，使得虚拟现实概念广为人所知。

因此，很多人认为，如今Meta大力宣传且其他巨头跟进的元宇宙概念是当年虚拟现实的翻版，是虚拟现实概念的再次炒作。

他们认为，元宇宙仅仅只是虚拟现实的技术升级，并无革命性的创新。元宇宙本质是"旧瓶装新酒"的资本炒作噱头而已。

然而，事实并非如此。元宇宙不是虚拟现实，或者说，元宇宙不仅仅是虚拟现实。虚拟现实只是元宇宙的一个组成部分而已。元宇宙除了虚拟现实技术，还融合了5G、人工智能、区块链等一系列高新技术。最关键的是采用基于区块链技术的信任机制建立了经济价值体系，这是元宇宙的内核。

因此，元宇宙绝不仅仅是虚拟现实，而是远胜于虚拟现实的时代趋势。

### 2.2.2 元宇宙是未来人类文明形态

很多人认为元宇宙是一项技术，其实不然。

元宇宙不能和互联网相提并论，互联网可以称为一项信息技术，但是元宇宙不能。元宇宙囊括了人类发展至今的大量技术成果，包括 AR/VR、5G、物联网、区块链、人工智能、云计算、边缘计算等，它是一个集大成的综合体。

除了技术，元宇宙还包括经济价值体系、社会协作机制等非技术资源。因此，准确来说，元宇宙是一个文明形态，它不仅涵盖过去人类文明的所有成果，而且承载未来人类社会的文明创造。

## 2.3 元宇宙是多重宇宙

什么是多重宇宙？多重宇宙即多元宇宙，是一个理论上的无限个或有限个可能的宇宙的集合，包括一切存在和可能存在的事物——所有的空间、时间、物质、能量，以及描述它们的物理定律和物理常数。多元宇宙所包含的各个宇宙被称为平行宇宙。

人类从很早之前就开始设想多重宇宙的存在。古希腊天文学家希帕克（Hipparchus）曾编制一份星表。自那时起，古希腊哲学中的"原子论"学派便认为，在一个无限的虚空中分布着无数个世界。

在众多科幻小说中，多重宇宙和平行宇宙更是被广泛提及。尽管至今仍然没有充足的科学证据证明多重宇宙的存在，但是，受科幻小说以及量子力学等科学理论影响，多重宇宙的概念越来越多地被人熟知。

元宇宙将是多重宇宙。与多重宇宙理论仍须证明不同的是，元宇宙生来就是多重宇宙，而且必须是多重宇宙，如图 2-4 所示。

现实世界的多重宇宙涉及空间、时间等问题，尚需要量子力学等前沿科学进行解释和探索，但元宇宙不同。元宇宙基于虚拟世界，理论上可以构造无数个。因此，多重元宇宙更容易实现。

目前，众多企业都在构建元宇宙项目，元宇宙的构建呈百家争鸣的局面。但是，元宇宙尚没有统一的标准和协议，各家企业的元宇宙项目各自为政。未来，各个元宇宙将会基于 Web3 的区块链底层实现互通,用户可以在各个元宇宙之间自由穿梭。

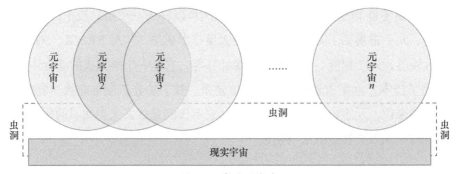

图2-4　多重元宇宙

## 2.4　元宇宙不是封闭宇宙

### 2.4.1　互联网巨头垄断违背互联网初衷

互联网的初衷是什么?

"互联网之父"蒂姆·伯纳斯-李认为,互联网最具价值的地方,在于赋予人们平等获取信息的权利。

早在 20 世纪 60 年代,互联网已经出现,但是由于技术难度较高,只有少数专家才能使用。而伯纳斯-李将互联网推向普通大众,为全球用户打开了一个崭新的网络世界。作为互联网的发明者,伯纳斯-李本来可以获得巨额财富,但是他没有这样做,而是在 1991 年公开了互联网的源代码。

早期的互联网是一个资料共享空间,所有人都可以平等、免费地获取信息。在这之前,世界上的知识和信息是封闭的,人们通过报纸、广播、电视等方式获取信息。互联网的出现改变了信息的传播方式,让人们可以在很短的时间内高效地获取全球各国的各类资讯。

互联网发明之初就秉承着"自由开放"的原则,不受制于任何公司或个人。伯纳斯-李希望互联网成为一个真正的"去中心化"的世界,任何用户都能在这个虚拟世界中获得想要的知识和信息。

由此可见，互联网的初衷是为了信息共享。然而，互联网现在的发展已经严重违背了当年的初衷。

由于用户对效率和体验的追求，互联网应用通过提供便捷操作、信息过滤、信息匹配等服务吸引用户。通过资本加持，互联网巨头用大量资金优化应用并进行市场推广，从而获得大量用户，然后通过用户数据获利。

如今的移动互联网时代，各种手机 App 异常强大。一方面，它们掌握了大量的用户数据，汇集了很多优质信息，为用户获得这些信息设置了准入门槛（不仅如此，用户进入之后还会受到各种规则限制，稍不留神还会面临封禁账号的风险）；另一方面，各个 App 之间形成信息孤岛，各自为政，互不兼容，用户在使用的时候需要进行烦琐的切换操作。

在 App 的垄断和割裂的状态之下，平等和自由这些初衷早已远离了互联网。

## 2.4.2 开源才是王道

目前，95% 的企业级操作系统为 Linux，80% 的智能手机操作系统为安卓（Android），在云计算领域，超过 78% 的客户使用开源软件。由此可见，开源的力量已经在互联网时代产生深刻影响。

维基百科采用开源的形式，自诞生以来已经过去 20 多年，迄今已收纳 189 种语言的资料。Alexa 的全球网站浏览量排名显示，2020 年维基百科排在第 13 名。相比之下，闭源的百科产品 Encarta 在 2009 年黯然关闭。

知名操作系统 Linux 更是开源领域的鼻祖。Linux 操作系统完全免费，用户可以通过网络或其他途径免费获得，并可以任意修改其源代码。这是其他操作系统所做不到的。正是基于这一点，来自全世界的无数程序员参与 Linux 操作系统的编写和修改，他们根据自己的灵感、兴趣、需求对其进行改编和升级。这使得 Linux 操作系统吸收了无数开发人员的技术精华，不断完善和壮大。

除此之外，互联网巨头也在借助开源的力量，其中谷歌公司是一个典型代表。众所周知的安卓操作系统，自 2007 年以开源的形式发布以来呈爆炸式增长，已成为全球市场份额第一的手机操作系统。

谷歌公司一直都在极力倡导和推广开源理念，并且推出了众多开源项目。

同时，开源软件也是谷歌公司在个人计算机领域对抗微软公司的利器。从某种意义上说，如果没有开源软件，谷歌公司未必能取得今天的成就。

那么，什么是开源呢？

开源即开放源代码，不仅源代码可以自由地获取、使用和修改，而且这些修改过的代码同样可以自由获取、使用和修改。以 Linux 操作系统为例，所有人都可以自由获取 Linux 操作系统的源代码，并且能够自由地使用和修改它的源代码。同时，修改过的版本也必须可以被其他人自由获取、使用和修改。

开源的初衷和互联网的初衷一脉相承，都是免费和自由的，自由软件运动的宗旨亦是如此，而开源文化来自自由软件运动。在计算机诞生的早期，人们在销售计算机硬件的时候会赠送软件。当时的软件都是开发者编写并分享给别人，基本上是出于兴趣的原因，没有任何商业动机。但是后来，一些软件巨头开启了闭源时代，通过售卖软件获利。实际上，这种做法违背了自由软件运动的初衷。

林纳斯·托瓦兹（Linus Torvalds）推出 Linux 操作系统并提出开源概念。开源软件比自由软件的条件更宽松，对开发者也更包容。伴随着 Linux 操作系统的成功，开源理念也逐步被人们所接受。

如今，元宇宙作为庞大的文明生态，需要强大的底层基础设施，仅靠若干巨头各自闭源开发是不可能实现的。只有通过共享，并对所有开发者和用户开放，让整个市场活跃起来，才能构建良好的开发和商业环境，元宇宙才有可能成功。

从这个意义上说，元宇宙应当且必须是一个开源宇宙。

## 2.5 元宇宙的核心是经济体系

### 2.5.1 感官体验是元宇宙的外层

本质上，元宇宙分为两层：一个是外显层，即感官体验的部分；另一个是内核层，即抽象思维的部分，如图 2-5 所示。

感官体验指的是人们在元宇宙中用身体器官感知到的部分，由人们的感觉器官

图2-5　元宇宙分成两层

（眼睛、耳朵、鼻子、舌头、皮肤等）接触，并通过视觉神经、听觉神经、嗅觉神经、味觉神经、触觉神经等神经系统传导至大脑，形成直观表象的意识感知，也就我们在元宇宙中看到的画面、听到的声音、闻到的气味、尝到的味道、摸到的触感等。

现在元宇宙的代表技术 AR、VR、体感等的目的是让我们的感官体验变得更加真实，更加接近现实世界。戴上 VR 眼镜，就可以看到逼真的画面；穿上特制的衣服，就能感受到现实触摸；戴上特质头盔，就可以闻到气味，甚至品尝美食。5G 技术让数据传输更加流畅，减少甚至消除卡顿。物联网等技术也一样，可以快速收集电子设备产生的数据并提供反馈。

所有这些技术最终指向一个目的：让虚拟世界更加逼真，提升用户的体验。

这些会让人们产生一个认知误区，使得大部分人认为感官体验是元宇宙的全部。这样一来，元宇宙就成了虚拟现实的升级版。人们错误地认为，元宇宙就是让虚拟现实看起来更加真实而已。

然而，事实并非如此，感官体验不是元宇宙的全部，只是元宇宙的表象外层。元宇宙最重要且最具有价值的部分在于内核层。

## 2.5.2 加密经济是元宇宙的内核

元宇宙的内核指的是抽象思维的部分。何为抽象思维？即经济、社会、文化这些抽象构造的部分，也就是前面内容所指的人类文明的精髓。这一点也是元宇宙区别于虚拟现实的本质。

元宇宙之所以能够成为媲美现实世界的宇宙，最重要的不是它看起来像现实世界，而是其中的经济体系能够和现实世界一样运作。

在现实世界，人类文明之所以发达，最重要的原因之一在于人类懂得"交易"。原始社会，人们自给自足，目标是吃饱穿暖。当生产能力提升，人们有了富余的物品，就出现了物物交换，比如用三只羊换一头牛。当生产力进一步发展，人们学会了分工，富余物品数量和种类变多，于是物物交换难以满足需求：张三希望用三只羊换一头牛，而李四希望用一头牛换十只鸡，该怎么办？当交换需求变多，但交换效率太低的时候，人们发明了一般等价物——货币。人们用货币衡量物品价值，先将物品换成货币，再使用货币换取想要的物品。人们可以拿出一部分货币来换取需要的物品，也可以先保留货币，等需要的时候再换取想要的物品。货币在这里扮演了交易媒介、价值尺度和价值储藏的角色。

货币的出现让"交易"变得更加便利，促进了生产资料流通，于是产生了经济活动。经济催生了商业，促进了人类文明的形成。当今世界，经济水平是衡量各个国家发达与否的重要指标。

从这个意义上说，经济是人类文明的原动力，是现实世界的内核所在。在元宇宙中，这一点仍然适用。

因此，元宇宙不仅要看起来真实，而且要有经济活动。不同的是，元宇宙当中的经济是加密经济，是以区块链技术为底层的通证（Token）经济。同时，借助通证经济，可以实现元宇宙中经济体系和现实世界中经济体系的互通，如图 2-6 所示。

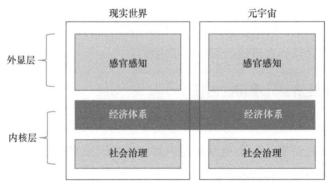

图2-6　元宇宙与现实世界的关系

通证基于区块链技术产生，解决了去中心化状态下的价值传输问题。其中 NFT 解决了虚拟商品的稀缺性问题和所有权问题，让虚拟世界的万物都可以物有所属，具有了用来交换价值的可能性。

人类无法全面摆脱现实世界，所以元宇宙的经济体系需要与现实经济体系互通，而加密经济很好地扮演了这个角色。

CHAPTER 3
第3章

# 元宇宙的软技术

▲
▲

区块链是元宇宙所有必备技术的最后一块"补天石"。基于区块链技术构建的 NFT 标准和 Web3 与区块链技术共同构成了元宇宙建设所需要的"软技术"。

软技术是一切元宇宙的经济体系、社会治理等协作活动的基础设施,为元宇宙中价值传递提供了信任机制,并为所有权确权和参与动力激励提供了解决方案。软技术是元宇宙区别于虚拟现实的内核所在。

区块链技术是底层,NFT 是工具,Web3 是综合应用。Web3 开启了新一代互联网模式,它直接颠覆了现行的中心化应用程序,是进入元宇宙时代的先锋队!

## 3.1 区块链

### 3.1.1 区块链是元宇宙"补天石"

相传上古时期,九天之上有一个大洞,天河之水注入人间,天塌地陷,洪水泛滥,猛兽横行,民不聊生,人间哀鸿遍野。这时,女娲挺身而出,收集五彩神石,用五彩神石弥补九天之上的大洞,拯救了苍生。

区块链出现之前,元宇宙好比现实世界的上古时期,天空尚有大洞待补。区块链的出现充当了"补天石"的角色,如图3-1所示。

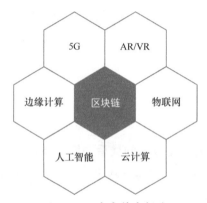

图3-1 元宇宙技术板块

唯有站在人类社会发展的维度看待区块链,方能全面认识区块链的真正价值。正如点对点技术、密码学、分布式网络、时间戳等技术齐备之后才出现区块链一样,5G、物联网、人工智能、AR/VR、区块链等技术齐备之后才出现元宇宙,如图3-2所示。每次若干项技术齐备之后,就会引发一次时代变革。

反之,从需求的角度来看,每一项关键技术的出现都是人们需求拉动的结果。私有财产不受侵犯的需求拉动了区块链的出现,而人们对自由和永生的需求拉动了元宇宙的出现,如图3-3所示。

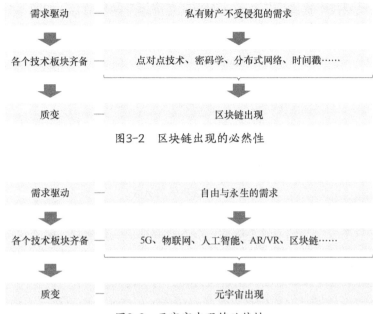

图3-2　区块链出现的必然性

图3-3　元宇宙出现的必然性

## 3.1.2　区块链在元宇宙中扮演双重角色

区块链不仅仅是一项技术，这是因为区块链不仅能改变生产力，而且能改变生产关系，如图3-4所示。

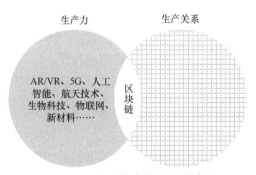

图3-4　区块链与其他技术的对比

我们应将区块链分成两个部分来研究：一部分是底层技术，另一部分是通证经济。底层技术提供信任基础,而通证经济提升参与动力,如图3-5所示。

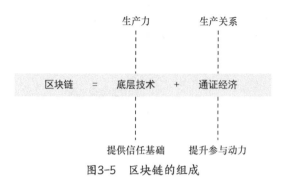

图3-5 区块链的组成

底层技术可以归结为技术层面,与人工智能、生物科技、航天技术等类似。而通证经济可以理解为生产关系层面,因为它将改变人类的协作方式。区块链之所以极具颠覆性和革命性,正是因为其上的"通证"。

区块链使得互联网从信息互联网时代进入价值互联网时代,而通证就是价值传输的载体。通过使用基于区块链的分布式存储技术的通证,得以传输达成共识的价值,进而解决传统信息互联网的"双花"(重复支付)问题。除此之外,链上的数据不可篡改特点促进形成基于代码而非中心化机构的信任机制。

联盟链和私链以及其上的智能合约由于具有一定的应用场景,可以被商业巨头或行业机构使用。虽然这些技术能够解决一定的痛点,但是,与通证所能带来的激励机制以及通证可以重构生态参与者之间的协作关系这一创举相比,具有一定的局限性。

基于区块链的"信任"和"动力"这两种特性,区块链将在元宇宙中扮演双重角色,如图3-6所示。

首先,区块链将在技术维度为元宇宙提供信任机制,解决如数据存储的安全等问题。

其次,区块链将在商业维度为元宇宙提供新的协作机制,如价值流通、去中心化协作的DAO等。

图3-6 区块链在元宇宙中的角色

## 3.1.3 区块链构建信任机制

《论语·颜渊》云:"人无信不立,业无信不兴,国无信则衰。"意思是说"人没有诚信,就不能立足于社会,做生意没有诚信,就不会兴盛,国家没有诚信,就会衰败"。

"信任"对于人类社会的发展至关重要。前面内容提到,因为人类懂得"虚构"现实,所以产生了文明。这里的"虚构"能变成文明,必须以信任为前提。

在中心化世界中,信任基于中心节点构建。人们信任部落酋长、信任国王,基于这种信任开展协作。此外,人类发展中形成的各种制度本质上也是为了加强中心化信任,包括教育、法律、国家、军队及公司的管理体制等。

区块链最大的作用是解决去中心化状态下的信任问题。

### 1. 区块链的本质是分布式数据库

区块链是由很多服务器节点组成的分布式网络,网络中的每个节点都是平等的。同时,每台节点服务器都保存着同一个数据库。首先,任何信息都可以写入数据库,并从中读取。其次,任何人都可以设立一台服务器,加入这个网络,成为其中的一个节点。因此,本质上,区块链是一个开放的分布式数据库,如图3-7所示。

基于区块链构建的信任机制,我们可以实现两方面的功能:一是价值传递,即在去中心化的条件下进行交易,避免"双花"问题;二是其他协作,即除了交易的其他协作活动基于智能合约完成。价值传递形成经济体系,而其他各类协作组成社会制度，最终构成完整的元宇宙文明，如图3-8所示。简言之，从某种意义上说，信任构建了文明。

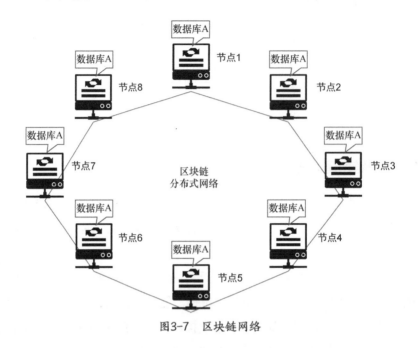

图3-7 区块链网络

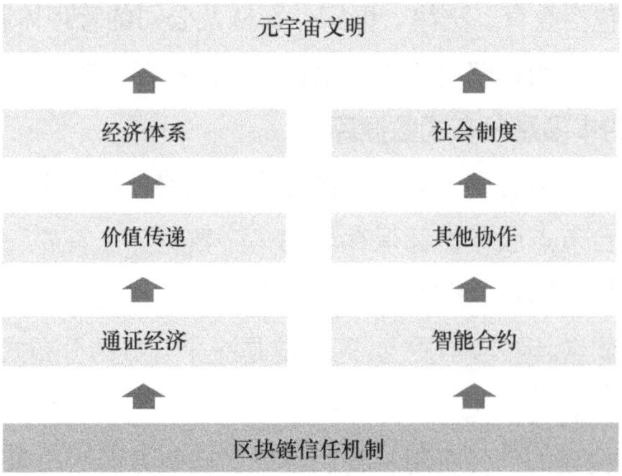

图3-8 从区块链到元宇宙

## 2. 区块链如何记录交易

从当前的应用状况看，区块链主要的应用场景在于解决交易过程中的信任问题。

前面内容提到，交易是经济活动的基本形式。但是，交易必须基于信任方可达成。如果交易双方互不信任，交易是无法达成的。传统的经济活动中，除了极为信任的人之间，一般情况下，人们在进行交易时都会依赖可信第三方。

在区块链上，交易信息向全网节点广播并同步。一旦交易完成，任何人无法修改，保证交易的不可篡改性。

从记账的角度说，区块链是一个分布式账本（见图3-9），即网络中所有参与者都在同步记录的一个可信账本。每个节点重复着一模一样的动作，记录着一模一样的账目。分布式账本是对中心化单点账本的颠覆，杜绝了中心化账本的舞弊可能性，保证了公开透明。

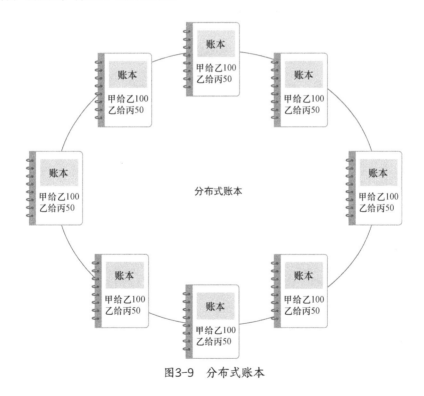

图3-9　分布式账本

简言之，区块链就是用"区块"组成的"链"。区块就是一个个数据块，其中记录着交易信息。区块链就好比账簿上的一页页纸，每记满一页就串起来，最后形成一份完整的账簿。

每个区块都包括区块主体和区块头两部分，如图3-10所示。

区块主体用于记录交易信息。区块头则包含一些标识信息，用于连接上一个区块且被下一个区块连接，如上一个区块的哈希值、本区块的哈希值、时间戳等。

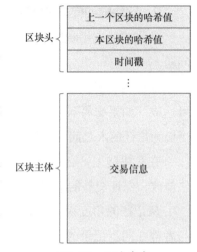

图3-10 区块内容

所有的区块通过标识信息连接在一起。"上一个区块的哈希值"连接上一个区块的哈希值，"本区块的哈希值"连接下一个区块的哈希值，最后形成由区块连接成的链条，即"区块链"，如图3-11所示。

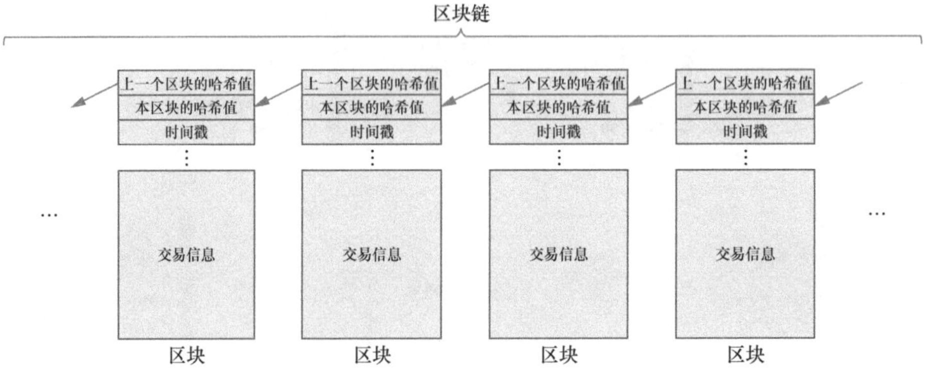

图3-11 区块链结构

什么是哈希（hash）呢？就是把任意长度的数据信息通过哈希函数计算，变换成固定长度的值，该输出就是哈希值。这种转换是一种压缩映射，如图3-12所示。

我们对信息"甲给乙100 乙给丙50"进行哈希计算，得到哈希值：03fbf30a244bc484850dd3fd71ce8e08a77f42efc670bfe835a2f82fa6f912fa，如图3-13所示。

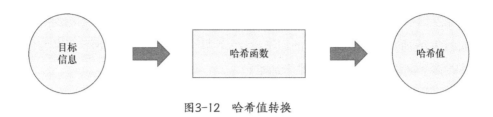

图3-12 哈希值转换

图3-13 哈希值生成案例1（来源：sha1-online）

我们对目标信息进行局部修改，得到信息"甲给乙 100 乙给丙 51"，再次进行哈希计算，得到哈希值：99789ab5dbfe01c47d2eec398bc2eebf9cf322ec9eb59cd2c548be24d13ddc2d，如图 3-14 所示。

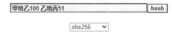

图3-14 哈希值生成案例2（来源：sha1-online）

可以看到，局部改动目标信息，生成的哈希值截然不同。

我们增加目标信息长度，得到信息"甲给乙 100 乙给丙 50 丙给丁 20 甲给丙 80 甲给丁 100 丁给乙 50"，再次进行哈希计算，得到哈希值：bd86a54d83020b3d28e8c2c2c8c1ce2449565f08526192d297948ab837966c17，如图 3-15 所示。

由以上几个案例可以看出，不管目标信息长度是多少，它所生成的哈希值长度固定。

如果某个区块上的交易信息被人恶意篡改，则"本区块的哈希值"就会改变。由于区块链中下一个区块包含了"上一个区块的哈希值"，为了让下一个区块依然能连到本区块,则需要修改下一个区块。依此类推,必须修改后续的所有区块,如图3-16所示。由于区块链的加密设计,计算一个区块的哈希值已经非常困难,修改多个区块的哈希值更是难上加难。

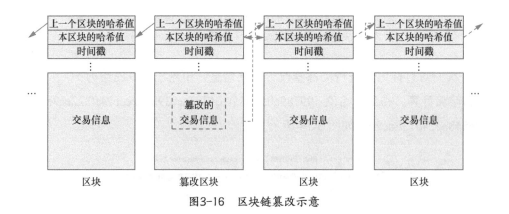

图3-15　哈希生成案例3（来源：sha1-online）

图3-16　区块链篡改示意

另外,区块链网络中的所有节点都在同步同一个区块链数据,因此,所有节点都需要"串通"修改,而这几乎是不可能实现的。这保证了区块链上交易信息的不可篡改性。

### 3. 区块链如何对交易加密

在记录交易信息时,数据安全是第一要务。区块链的安全壁垒一旦被黑客攻破,区块链的其他优势将不复存在。因此,对区块链上的数据进行加密是区块链技术的重中之重,这也是区块链技术被称作"加密技术"的原因。

目前,区块链主要采用的加密方法为"非对称加密算法"。

要说明非对称加密算法,需要先从"对称加密算法"（见图3-17）说起。对称加密（也叫私钥加密）指加密和解密使用相同密钥的加密算法。发件人将明文（原始数据）和加密密钥一起经过特殊加密算法处理后，使其变成复杂的加密密文并发送出去。收件人收到密文后，若想解读明文，则需要使用加密时使用的密钥及相同算法的逆算法对密文进行解密，才能使其恢复成明文。在对称加密算法中，使用的密钥只有一个，发件人和收件人双方都使用这个密钥对数据进行加密和解密，这就要求收件人事先知道加密密钥。

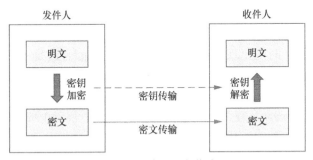

图3-17　对称加密算法

对称加密算法的最大问题在于，一旦密钥在传输过程中被截获，即意味着算法彻底失效。

与对称加密算法不同，非对称加密算法（见图3-18）由加密和解密两组密钥构成，它们是不同的。发件人通过加密密钥将信息进行加密，而收件人则会用解密密钥进行解密。加密密钥可以公开发送（称为公钥），解密密钥私下保管（称为私钥）。

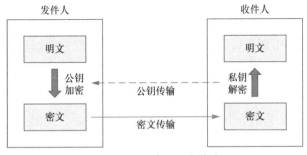

图3-18　非对称加密算法

收件人先生成一对密钥，包括一个公钥和一个私钥。收件人先将公钥传输给发件人，发件人用公钥对明文加密生成密文，然后将密文传输给收件人，收件人用私钥解密。

注意，在这个过程当中，私钥一直由收件人保存，未进行传输，保证了安全性。另外，在非对称加密算法中，公钥无法导出私钥。因此，公钥可以采用任意途径传输，甚至完全公开，向外发布。

### 4. 智能合约的应用

智能合约（smart contract）最早由尼克·萨博（Nick Szabo）在1995年提出，几乎与互联网同一时间出现。他给出的定义是"智能合约是一系列以数字形式定义的承诺，包括合约参与方可以在上面执行这些承诺的协议"。

- "承诺"指的是合约参与方约定的权利和义务。以一个购物合约为例，买家承诺付款，卖家承诺发货。
- "数字形式"指的是承诺是数字的形式，这样计算机才可以执行。上述购物合约中，卖家的货物若为实物商品，则该操作为线下执行，不属于数字形式。货物货位的虚拟商品，比如充值码等，可由计算机执行，则属于数字形式。数字形式的承诺可以写入计算机的可读代码中，因为只要参与方达成协定，明确智能合约建立的权利和义务，则该合约由计算机网络自动执行。
- "协议"指的是技术实现，即合约承诺被实现。以NFT交易为例，买家支付以太坊通证至卖家地址，卖家锁定在智能合约中的NFT则被代码自动执行，转移至买家地址。

由于在当时的历史条件下，缺少可信的执行环境，智能合约并没有得到广泛应用。直到比特币诞生，区块链技术进入人们的视野。以太坊创始人维塔利克·布特林（Vitalik Buterin）看好区块链和智能合约结合的可能性。2013年年底，布特林发布白皮书《以太坊：下一代智能合约和去中心化应用平台》。在白皮书中，他详细分析了比特币系统的设计优点和不足后，提出要建立一条新的区块链，使之成为去中心化应用的平台。

由此开始，区块链进入智能合约时代。区块链从最初用来记录交易的分布式数据库演变成为分布式操作系统，基于以太坊，不仅可以进行可信交易，而且能够进行其他一切数字世界的协作活动。

智能合约运行原理如图 3-19 所示。

图3-19　智能合约运行原理

以太坊是较早拥有智能合约的区块链平台，也是目前成熟和使用广泛的区块链平台。基于以太坊构建的 Web3 有望成为未来元宇宙的底层操作系统。

以太坊的智能合约设计要点如下。

- 以太坊的智能合约程序是在以太坊虚拟机（Ethereum Virtual Machine，EVM）上运行的。
- 任何人都可以在以太坊区块链上开发智能合约。
- 智能合约代码存放于以太坊账户中（该账户称为合约账户）。
- 要运行一个智能合约，需要由外部账户（由密钥控制的账户）对合约账户发起交易，从而启动执行其中的代码。

以太坊智能合约示例如图 3-20 所示。

本质上，以太坊就是一个虚拟机，只不过它是一个点对点的、去中心化的虚拟机。我们也可以认为，以太坊虚拟机是由全世界的节点组成的一台世界级"超级计算机"，这台"超级计算机"能够支持一切去中心化应用的开发和运行。

智能合约让以太坊上的"去中心化应用"具有无穷的想象空间。智能合约可以处理各种业务逻辑，使得以太坊具有很强的扩展性，从而让以太坊发展成为目前世界上最大的区块链开发平台。我们可以将智能合约应用到各种各样的场景，比如金融衍生品、保险、房产、法律等。

图3-20　以太坊智能合约示例

总之，智能合约的应用使得以太坊成为可信的去中心化底层操作系统，未来有望全面承载元宇宙的发展。

## 3.2　NFT

### 3.2.1　NFT创造"稀缺性"

虽然NFT（Non-Fungible Token，非同质化通证）名为通证，但就其本质而言，NFT与加密货币完全不同。比特币开启了区块链在交易场景的应用，而以太坊为其他所有场景的应用提供了可能性。FT（Fungible Token）将货币类虚拟商品进行加密和确权，而NFT为非货币类的所有数字商品提供加密和确权的可能性。

本质上，在现实世界中，以太坊将区块链应用从数字货币领域拓展至其他所有领域。在虚拟世界中，NFT将区块链应用从货币类商品领域拓展至世间万物，如图3-21所示。

在现实世界中，自然界造就了每个事物的稀缺性。德国哲学家莱布尼茨说："世上没有两片完全相同的树叶。"叶子里有无数的细胞，细胞里有无数的分子。这些分子和细胞的结构和排列不可能完全相同。世间万物，没有任何两个东西是一模一样的。

在人类演变的漫长过程中，贵金属黄金的稀缺性获得了人们的共识。马克思在《资本论》里写道:"货币天然不是金银,但金银天然就是货币。"在距今10 000年前的新石器时代,人类就发现了黄金。黄金除了最重要的稀缺性,还有性能稳定、易于分割等特性,因此被人们作为储藏价值的载体。

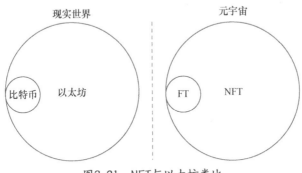

图3-21　NFT与以太坊类比

随着社会发展,金本位的金融制度得到人们确认,黄金被赋予了人类社会经济活动中的货币价值功能。随着金本位制的形成,黄金承担了商品交换的一般等价物,成为商品交换过程中的媒介。

作为能够承载价值的一般等价物,黄金极大地促进了人类社会经济的发展。黄金能够获得今天的地位,核心的因素在于其"稀缺性"。具有稀缺性,是一个事物能否承载价值的重要前提。

在数字世界中,莱布尼茨的论断似乎不完全适用。一串记录在计算机中的字符(文字或代码)被复制之后,复制品和原字符看起来并无任何差异。字符不是由细胞排列组成,同样的字符背后的计算机语言完全一致。那么,复制的字符和原字符真的一样吗?答案是否定的。

古希腊哲学家赫拉克利特提出的"人不能两次踏进同一条河流"论断可以帮助我们找到答案。赫拉克利特认为,河流是不断变化的,你现在踏入的河流和下一秒踏入的河流严格意义上不是同一条河流。在数字世界中,时间是不断变化的,创造字符和复制字符的时间点是不同的,因此,本质上,这两个字符是不同的。

在区块链技术出现之前,人们无法在可信的前提下记录数据内容(包括字符、文章、图片等）的时间。这里的可信指的是绝对的可信。中心化平台看起来可以标记数据内容的时间，但是中心化数据库的管理者可以任意修改时间标记，因此它是不可信的。尽管时间戳技术早已问世，但是仍需要基于可信第三方才能实现。一旦需要依赖第三方，则该记录被认为是不可信的。因此，真正的可信是在去中心化的前提下为数据打上时间标记，而且这个标记被所有网络节点所认可，区块链实现了这一点。

NFT 的核心价值在于利用区块链技术将虚拟商品打上时间标记，让虚拟世界的每一件商品都具有稀缺性。正是因为稀缺性，才使得虚拟世界可以完全媲美现实世界。虚拟商品有了稀缺性，再加上需求共识，就可以产生价值（见图 3-22），从而产生交易，产生经济活动，促使元宇宙成为真正的"宇宙"。

图3-22　稀缺与价值

CryptoPunks 是一组 24px×24px 的虚拟头像（见图 3-23），其中最稀有的"外星人"头像曾在佳士得以千万美元成交。很多人不解，一个能被无限复制的 jpg 格式的图片为何能拍出近亿元人民币的天价。答案很简单，复制的图片已经不是原来的图片了。曾有人在 BSC 链复刻了 CryptoPunks，即发布一模一样的 CryptoPunks，但是其价值和原版 CryptoPunks 天差地别。

图3-23　CryptoPunks（来源：Larvalabs）

原版 CryptoPunks 由 Larvalabs 团队在 2017 年基于以太坊发布，由区块链记录其发布时间，无法篡改。现在复制的 CryptoPunks，即使也存放在区块链上，但时间标记也无法标记在 2017 年，而只能标记为当前时间（区块链用技术保证了诚实可信，无法被人为操控）。大家试想一下，2021 年的 CryptoPunks 和 2017 年的 CryptoPunks 很显然是两个完全不同的东西。以古玩为例，唐朝的一个花瓶和现代同样外形和材质的花瓶的价值是不能相提并论的。不同的是，实物的创造时间需要专家或仪器进行鉴定，而对图片数据来说，区块链可以直接为其打上时间标记，而且这个时间标记不能作假、不可篡改。

通证朋克社区的 NFT 技术团队对 CryptoPunks 图像进行了局部改动，制作了一组 TokenPunks，如图 3-24 所示。

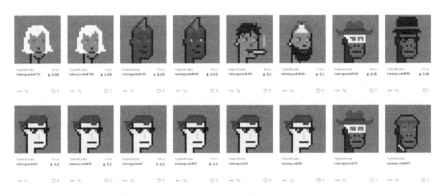

图3-24　TokenPunks（来源：Opensea）

虽然 TokenPunks 与 CryptoPunks 的差别仅为眼睛颜色不同，但是两者的价值相差甚大。TokenPunks 以 ERC-1155 标准部署在以太坊侧链 Polygon 上，尽管也是基于区块链技术，但是与 CryptoPunks 本质上的差别在于上链时间差异。CryptoPunks 于 2017 年上链，而 TokenPunks 于 2021 年上链，这个时间公开透明地写在区块链中，所有人可见且无法篡改，这正是造成两者具有不同价值的根本原因。

在传统的虚拟世界游戏中，比如每一块虚拟土地、每一件虚拟装备都是一样的，同一类物品之间没有差异，可以不断复制和产生。对玩家来说，虚拟物品是限量版的，但是，对游戏开发者来说，可以轻而易举增加虚拟物品数量，几行代码就可以生成一块新的领地或者改动一个数字就可以生成新的道具。因此，这种虚拟商品是没有任何价值的，因为其不具备稀缺性。需要说明的是，被游戏服务商赋予的稀缺性是不可信的，如果游戏服务商倒闭或者停止运营，则虚拟物品将化为乌有。

反之，如果虚拟土地、虚拟道具、虚拟穿戴、虚拟建筑物等所有现实世界的物品都用 NFT 建立在区块链上，它们不受应用平台的控制，不会被擦除，而且每一个都是独一无二的，每一个都有获得价值的可能性。可以想象，在这种场景下，再辅以先进的感官感知技术，这将是一个完全媲美现实世界的"第二世界"，也就是元宇宙。

因此，"稀缺性"是元宇宙的价值根基，而 NFT 通过区块链技术实现了这一点。NFT 可以在虚拟世界构建世间万物，将万物虚拟化、加密化，并保证每一个物品的唯一性，从而为构建元宇宙提供价值基础。

### 3.2.2 NFT 明确"所有权"

NFT 的另外一个作用在于可以为虚拟世界的物品进行确权。"稀缺性"保证虚拟物品的唯一性，而"所有权"明确这个物品属于谁，谁拥有这个物品。

所有权即个人可以支配某物品的权利，用户将具有唯一性的物品转移给他人并获得其他等价物即形成交易。因此，虚拟物品具有所有权和唯一性是其可用来交易的前提，也是产生经济活动的前提。

在现实世界中，实现所有权的方式之一是物理占有，比如我们身上穿的衣服，我们兜里的现金，我直接可以对其进行物理控制。

但是，元宇宙的去中心化空间中没有中心化机构，我们如何实现虚拟商品确权呢？NFT 可以实现这一点。

在区块链上，每一个或一组地址及其上的加密资产由一个私钥控制，只有拥有该私钥的人可以授权对相应资产进行转移或确认等链上操作，这就是链上所有权的体现。

本质上，地址是区块链上的一个个透明的房子，其中存放着加密资产，所有人都可以看到。但是，只有持有该房子的钥匙的人才能对房间中的资产进行操作。

这里以通证朋克社区发布的"通证朋克令"（见图 3-25）为例进行说明。该 NFT 令牌发放给每位会员，每个令牌拥有唯一编号，并且是进入通证朋克社区的资格凭证。

该 NFT 令牌发布在以太坊侧链上，任何人都可以在链上看到。虽然任何人都可以复制下载令牌图片，但是每个令牌的链上动作只有唯一的持有者可以控制，即该持有者拥有真正的所有权。只有使用持有该令牌的地址进行签名验证，方可实现通证朋克社区的链上权益。

图 3-25 通证朋克社区发布的"通证朋克令"

NFT 的链上所有权和传统互联网平台或游戏平台的所有权有着本质区别。传统互联网平台的账号也是一种资产，但是用户并没有真正拥有所有权，平台可以随时封号或将账号收回。游戏平台道具也一样，用户看起来所拥有的所有权仅仅局限于这个平台，一旦平台停运，资产将不复存在。

但是，链上资产与此不同，只要不泄露私钥，用户对资产的所有权可以无限持续下去，除非整个互联网消亡。

"所有权"使得每个虚拟物品的背后都有一个主人，且不需要中心化机构背书。这样一来，虚拟物品可以在元宇宙自由流通，形成市场，为构建真正的元宇宙加密经济体系奠定基础。

## 3.3 Web3

### 3.3.1 Web 的演化

从时间的维度上看，1.0 是过去，2.0 是现在，3.0 是未来。

从用户的角度来看，Web 1.0 是"看"，Web 2.0 是"看＋写"，Web 3.0 是"看＋写＋拥有"。

Web 演化过程如图 3-26 所示。

图3-26　Web演化过程

Web 1.0 的"看"，指的是用户只能阅读网站上的内容，这是一个单向输出的过程。典型的代表就是互联网早期的巨头雅虎，以及国内的网易、新浪、搜狐等门户网站。在互联网刚兴起的时候，人们上网冲浪往往指的是浏览这些门户网站。

Web 1.0 是 Web 的第一次迭代。大多数参与者是内容的消费者，而创作者通常是构建网站的开发人员，这些网站主要以文本或图像格式提供信息。Web 1.0 大约从 1991 年持续到 2004 年。

Web 1.0 由提供静态内容而不是动态的 HTML 组成。数据和内容来源于静态文件系统而不是数据库，网站几乎没有互动性。Web 1.0 也可以称为只读 Web。

Web 1.0 建立在一系列开放协议之上，本质上是去中心化的，任何人都可以直接使用这些协议，比如用于网站的 HTTP、用于电子邮件的 SMTP、用于消息的 SMS、用于聊天的 IRC 和用于文件传输的 FTP。这些协议可以免费使用，无须中介，得到大众普遍认可。比如，我们在 HTTP 上构建网站，如果人们有该网站的地址，就可以直接访问该网站，而不需要任何其他应用作为中介。

Web 2.0 的"看＋写"，指的是用户除了读取，还可以写入。比如浏览论坛、博客等，用户除了看东西，还可以自己写东西给别人看。从广义上说，Web 2.0

让用户和网站有了交互。当前日趋发达的移动互联网强化了这种交互，因此，我们也可以将移动互联网归入 Web 2.0。

我们可以将 Web 2.0 视为交互式社交网络。在 Web 2.0 的世界里，用户不必成为开发人员即可参与创建过程。许多软件和 App 可以让用户轻松创作内容。基于 Web 2.0，无论是文字还是视频，用户都可以轻松地与他人分享和互动。

2015 年至今互联网处于 Web 2.0 阶段。Web 2.0 克服了 Web 1.0 的不易操作、体验差等弊端，将原来的开放协议变成了聚合器。大量 Web 2.0 应用程序涌现并成为互联网服务中介。它们将原先的协议包装成精美的、易于操作的用户界面，真正构建了用户可以直接使用的产品，这是一次历史性的跨越。互联网从 Web 1.0 到 Web 2.0 的演变如图 3-27 所示。

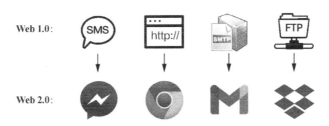

图3-27　Web 1.0到Web 2.0的演变（来源：Stuffed blocks）

Web 3.0 的"看＋写＋拥有"，指的是用户除了进行数据交互，还可以拥有自己创造的数据。比如 NFT，用户可以将一幅画放在链上，这幅画可以给别人欣赏，但是，创作者拥有它的所有权，只有创作者可以对它进行链上操作。

在 Web 3.0 中，所有数据存储在分布式服务器上，由用户拥有，前端的 App 只是用来访问这些数据的工具。现在，如果你拥有一幅以太坊上面的 NFT 画作，那么你可以使用 Opensea 查看，也可以通过其他任何支持以太坊的 NFT 市场或者工具查看，只需要用钱包做一个地址的授权链接即可。这就是 Web 3.0 的雏形。

随着 Web 1.0、Web 2.0、Web 3.0 时代的不断演进，各个时代都会涌现出一批具有代表性的 Web 公司或经济体，它们的市值变化如图 3-28 所示。

据 Fabric Ventures 研究数据，Web 1.0 时代 Web 总市值为 1.1 万亿美元，Web 2.0 时代 Web 总市值为 5.9 万亿美元，在 Web 3.0 时代，加密经济体市值将呈几何倍数增长。

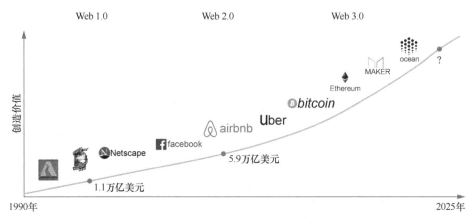

图3-28　Web公司市值变化（来源：Fabric Ventures）

### 3.3.2　Web 2.0 走向末路

Web 1.0 和 Web 2.0 从本质上提升了效率，缩短了信息延迟并降低了信息获取成本。企业和个人可以通过受信任的中介与地球上任意角落的人交换信息。

今天的 Web 2.0 应用程序提供了中介的功能，通过互联网进行全球协调，使得陌生人之间可以社交、交易，从 Meta 公司到亚马逊公司，再到 Uber 公司，皆是如此。

但是，随着人们对这些平台的过度依赖，"用户"成了 Web 2.0 应用程序营利的商品。而风险资本早就洞悉这一点，相应的投资已经获得千倍万倍的回报。

我们对当今流行的 Web 2.0 应用程序进行分析，不难发现它们的共同之处。它们的发展路径一脉相承：首先开发一款应用程序，然后推广以获取用户，最后通过庞大的用户量营利。

国内外知名互联网公司皆是如此。这些公司不断优化产品，提升使用体验，吸引了越来越多的用户，最终通过广告或增值服务营利。

很多应用程序在诞生初期和发展期专注产品的迭代升级和用户量的提升，但是它们在诞生之初已经被资本裹胁，而资本的耐心是有限的。这些给人们生活带来便利的互联网应用程序最终都会面临营利的问题,为了满足投资者百倍千倍的回报,它们需要靓丽的营收以证明其创造业绩的能力。而这势必让它们在用户满意度上无法尽到最大努力。

对谷歌公司、Meta 公司、Twitter 公司等众多 Web 2.0 巨头来说,更多的用户数据会带来更多个性化的广告。这将会带来更多的点击次数,并最终带来更多的广告收入。

互联网公司必须给投资者以回报,而用户数据是 Web 2.0 的核心利润来源。因此,Web 2.0 时代的应用程序必须掌控用户数据。

用户数据除了被拿来营利,还面临其他风险。Web 2.0 应用程序曾多次出现用户数据泄露事件。Web 2.0 应用程序采用集中存储数据的方式,这些数据一旦被黑客掌握,后果不堪设想。此外,用户数据还面临中心化机构的审查,用户的隐私一览无遗。

Web 2.0 的现状和其初期相比已经发生了重大转变。互联网专家克里斯·迪克森(Chris Dixon)将这种转变通过 S 曲线描述,如图 3-29 所示。

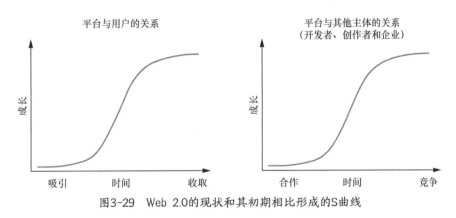

图3-29 Web 2.0的现状和其初期相比形成的S曲线

初期,Web 2.0 不惜一切代价吸引用户、开发者和企业,以建立多边网络效应。然而,一旦它们建立这些网络效应,并且它们知道用户已经被锁定,就开始"割韭菜"了。它们对用户的态度发生大转弯,从"讨好"转向"压榨",最常用的简单方法是提供收费增值服务或者广告推送,以便从广告商获得利润。

总体而言,Web 2.0 已经达到 S 曲线的顶端,它的成长空间已经开始走向末路。

### 3.3.3 Web3,下一代互联网

伴随着 Web 2.0 走向末路,互联网应用程序将迎来一次大型模式转变,即 Web 3.0。Web 3.0 从本质上说是对 Web 1.0 互联网去中心化愿景的回归,同时又兼顾 Web 2.0 的高效用户体验。

Web3 一词是 Web 3.0 的简称,由以太坊联合创始人加文·伍德(Gavin Wood)于 2014 年首次提出。同时,相对于 Web 3.0,Web3 不仅指代技术范畴,而且将定义拓展到经济和社会领域。因此,Web3 一词目前已被相关领域广泛使用,本书接下来的内容中亦使用 Web3 进行阐述。

当前,围绕 Web3 已经诞生了众多应用,如图 3-30 所示。

图3-30　Web3应用(来源:HackerNoon)

Web3 将建立在区块链网络上,如以太坊。根据迪克斯的说法,"区块链网络结合了前两个互联网时代的最佳特征——社区治理和去中心化网络,其功能最终将超过当前先进的中心化服务"。

Web3 的核心是"价值"的共识协议和标准。基于 Web3 可以建立一系列开源 API(Application Programming Interface,应用程序编程接口),任何人都可以根据共识的规则构建这些 API。随着时间的推移,这些 API 所产生的价值可以与构建 API 做出贡献的每个人共享。

Web3 技术架构如图 3-31 所示。

从某种意义上说,Web3 起到去中介的作用,它通过对互联网中介 Web 2.0

应用程序的消除，将 Web 2.0 的利润分摊给内容创作者和用户，如图 3-32 所示。

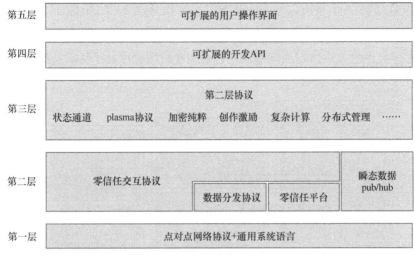

图3-31　Web3技术架构（来源：readthedocs）

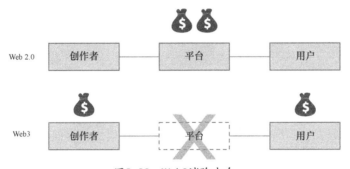

图3-32　Web3消除中介

正如"互联网之父"蒂姆·伯纳斯-李当年对互联网的期许那样，Web3 是一个开放、无需信任和无需许可的网络。

- "开放"指的是它由开放源代码软件构建，由一个开放且可访问的开发者社区维护，并在全世界范围内运行。
- "无需信任"指的是网络本身允许参与者在没有可信第三方的情况下公开或私下交互。
- "无需许可"指的是任何人（包括用户和创作者）都可以在没有管理机构授权的情况下参与。

Loot 创始人多姆·霍夫曼（Dom Hofmann）认为，在 Web 2.0 时代，用户、内容和数据储存在 Web 2.0 应用程序中，这些 Web 2.0 应用程序（见图 3-33）在很大程度上是不分开的，而且开发公司拥有全部权限。用户只能以 Web 2.0 应用程序允许的方式访问或使用，并且只能在应用程序处于活动状态时使用。

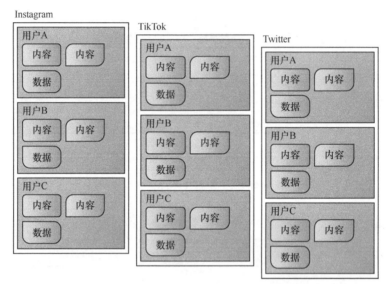

图 3-33　Web 2.0 应用程序（来源：dhof）

而在 Web3 中，每一条数据和内容都被逐项列出并存储在一个永久的空间中。应用程序仍然存在，但需要的权限却少很多。一般来说，它们的作用只是一个用来访问永久空间中数据或者向其中添加新内容的工具。任何应用程序都可以访问这个永久空间。Web3 应用程序（见图 3-34）之间的竞争差异在于为用户提供访问该空间数据的便利性。

以太坊创始人维克利克·布特林在"A Prehistory of the Ethereum Protocol"（以太坊协议的史前史）一文中提到加文·伍德对以太坊在 Web3 中所扮演角色的展望。布特林将以太坊视为去中心化技术套件的一部分，另外两个是 Whisper 和 Swarm，如图 3-35 所示。

Web 2.0 在移动互联网、云计算等相关技术推动下获得了发展，而 Web3 将建立在区块链、边缘计算、人工智能和机器学习算法等新技术上。

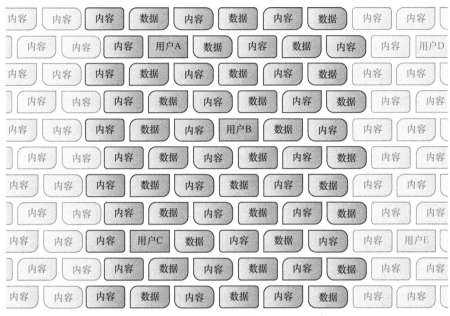

图3-34　Web3应用程序（来源：dhof）

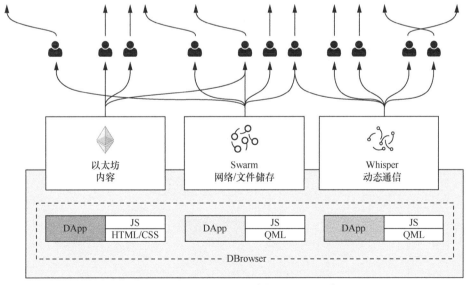

图3-35　以太坊与Web3（来源：vitalik）

基于区块链构建的去中心化数据网络使得用户产生的各种数据，比如出行数据、消费数据等可以交易或交换。

边缘计算让计算在客户端即可完成，无须上传至云端统一处理。这大大加快了数据处理效率和反馈速度。

人工智能和机器学习算法可以自动处理数据，为我们提供行动指导和决策支持。同时，人工智能可以完成人脑无法完成的复杂的数据处理功能。

Web3 使未来的分布式用户和机器能够通过对等网络就数据、价值与其他交易方交互，而无须依赖任何第三方。

借助 Web3，用户、机器和企业将能够在没有中介的情况下与他们/它们尚未明确信任的全球交易方进行价值交换、信息交易和合作。Web3 带来的最重要的演变是最小化全球范围内协调所需的信任。

Web3 将从根本上扩大人机交互的规模和范围，这将远远超出我们的想象。这些互动，从无缝支付到更丰富的信息流，再到可信的数据传输，将随着潜在用户交易范围的大幅增加而成为可能。Web3 将使得我们能够与世界上任何个人或机器进行交互，而无须通过中介。这种转变将催生一波以前难以想象的全新业务和商业模式浪潮：从全球合作社到去中心化的自治组织和自治数据市场。

Web3 浪潮已经应用于加密经济领域，未来将远远超出这个应用范围。通过现在可能实现的丰富交互和全球范围内可协作的交易方，Web3 将使用高效的机器学习算法并以加密方式连接来自个人、机器和企业的数据，从而促进全新市场和商业模式的快速兴起。

Web3 将充当元宇宙的底层基础设施，为形成元宇宙奠定强大的基础。

CHAPTER 4

第4章

# 元宇宙的硬技术

▲
▲

"**硬**技术"指的是一系列用来使得虚拟场景和事物看起来真实的技术，以及支持该技术的基础设施。

AR、VR等XR技术的目的只有一个，就是不断优化和提升人们对虚拟世界的感知体验，让人们在虚拟世界中获得与现实世界一样的感知。

5G等技术是XR技术背后的支持力量，通过快速计算和传输XR硬件设备需要的数据，从而减少或消除延迟以及制造更加细腻沉浸的感官感知。

硬技术的范畴几乎囊括了当前所有主流的数据生成、数据传递、数据存储、数据分析等技术。

## 4.1 感知交互

### 4.1.1 VR，在虚拟中感受现实

VR（虚拟现实）是元宇宙中重要的硬技术，旨在让人们在虚拟世界中体验到与现实世界一样的感官感知，包括视觉、听觉、触觉、嗅觉、味觉等。VR最早以视觉和听觉为主，终极目标是涵盖人类的一切感官感知。

时至今日，人们接触最多的屏幕仍以二维平面为主。二维屏幕与现实世界重叠，无法提供完美的身临其境的体验。为了获得更好的沉浸感，人们想到将屏幕直接罩在眼睛上的方法，将人眼看到的内容与现实世界完全隔离，全部的视觉感知从屏幕获取，这便是 VR 技术诞生的初衷。

**1. VR 技术起源**

VR 技术的起源最早可以追溯到 19 世纪 30 年代。1838 年，英国著名的物理学家查尔斯·惠特斯通（Charles Wheatstone）发现了人眼的"双眼视差"（也称立体视差）。由于人的两只眼睛的瞳孔存在间距，这就使得每只眼睛看到的图片略有不同。当人在观察近处物体时，两只眼睛会产生视差，即在两个视网膜上产生了一对稍有差别的像，大脑便会把它们融合起来生成一个三维立体的图像。

惠特斯通的研究表明，大脑通过两只眼睛处理不同的二维图像而形成对该对象的三维感官。根据这个发现，惠特斯通发明了惠特斯通立体镜（见图 4-1），通过立体镜观看两张立体照片或立体绘画可以感受到画面的深度。至今，这种立体镜仍被人们用来观察 X 射线和航空影像，其设计原理被应用于当今流行的 Google Cardboard 和其他需要配合手机使用的低成本 VR 设备上。

图4-1 惠特斯通立体镜（来源：royalsociety）

随后，大卫·布鲁斯特（David Brewster）在惠特斯通立体镜的基础上进行了改进，发明了第一款便携式 3D 眼镜——布鲁斯特立体镜（见图 4-2）。他用双凸透镜代替了普通镜子，3D 眼镜的整体设计更加紧凑且易于携带。

图4-2　布鲁斯特立体镜（来源：stereosite）

### 2. VR 概念的提出

1935 年，美国科幻小说家斯坦利·温鲍姆（Stanley Weinbaum）在小说《皮格马利翁的眼镜》(*Pygmalion's Spectacles*) 中首次提出了虚拟现实的概念，如图 4-3 所示。正如前面内容所述，人类科技进步总是由科幻小说家先想象，再由科学家来实现，VR 技术也不例外。

图4-3　《皮格马利翁的眼镜》小说

在这本书中,作者详细构想了一个虚拟现实场景:一位叫德维希的教授发明了一副护目镜,当人们戴上它时,可以看到、听到、闻到、触摸到虚拟世界的事物,与现实世界的感觉一样。

### 3. VR设备的先行者

1955年,美国电影摄影师和发明家莫顿·海利格发表了一篇论文"The Cinema of the Future"(未来的电影艺术),其中阐述了他对多感官剧院的畅想。1957年,海利格发明了一台名为Sensorama的沉浸式、多感官、多模式的虚拟剧院原型机,并为其制作了五部专用短片进行放映。Sensorama是世界上第一台VR设备(见图4-4)。

Sensorama是一台体积庞大的机械设备,包括立体彩色显示器、电风扇、气味发射器、立体声系统和运动椅。Sensorama可以提供模拟骑摩托车穿越纽约时的视觉、听觉、触觉、嗅觉等感官体验。从这一点可以看出,人们对VR的期许没有局限在视觉和听觉体验上,而是全方位的感官体验。

1960年,海利格发明了Telesphere Mask(见图4-5),可以用来体验3D图像和立体声。

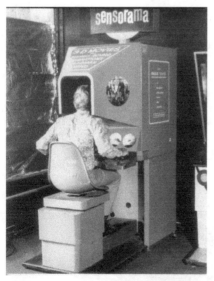

图4-4 Sensorama(来源:维基百科)

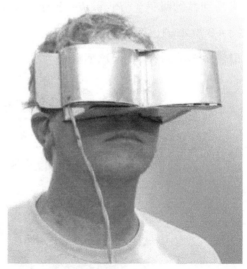

图4-5 Telesphere Mask(来源:mortonheilig)

从形状上看，Telesphere Mask 已经接近现在的 VR 头戴式显示器，但是，它没有任何运动跟踪功能。当头部左右晃动时，虚拟场景不会变化。

1961 年，Philco 公司的两名工程师科莫（Comeau）和布莱恩（Bryan）发明了 Headsight（见图 4-6），它是我们今天所知的头戴式显示器的前身。Headsight 为用户的每只眼睛配备了一块屏幕和一个与闭路摄像机相连的磁运动跟踪系统，它是历史上第一个具备运动跟踪功能的头戴式 VR 设备。

图4-6　Headsight（来源：wareable）

Headsight 的主要目的是远程查看被认为过于危险而无法近距离查看的情况。但是，Headsight 没有集成计算机图像的功能。

以上两项发明为后来 VR 的发展奠定了坚实基础。

1968 年，伊万·萨瑟兰（Ivan Sutherland）和他的学生鲍勃·斯普罗（Bob Sproull）创造了第一台连接到计算机的头戴式显示器 Sword of Damocles（达摩克利斯之剑），如图 4-7 所示。这台设备由于太重而无法直接佩戴，需要悬挂在天花板上，因此而得名。

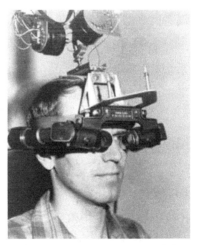

图4-7　Sword of Damocles（来源：wareable）

Sword of Damocles 不仅可以显示立体图像（让用户产生深度错觉），而且可以跟踪用户的头部移动，以便用户的视野随着头部左右晃动而改变。

1980 年，史蒂夫·曼恩（Steve Mann）发明了 Eye Tap（见图 4-8）。Eye Tap 包含一台计算机、一个头盔摄像头和一台取景器，它利用分束器将场景发送给用户和连接到计算机的相机，从而实现实时数据叠加的功能。

图 4-8　史蒂夫·曼恩在试玩 Eye Tap（来源：wareable）

尽管 Eye Tap 所看到的现实是增强的，而非虚拟的，但是 Eye Tap 推动 VR 设备向小型化和轻便化发展。

1984 年，VR 传奇人物雅龙·拉涅尔（Jaron Lanier）创立了第一套商业 VR 系统 RB2（Reality Built for Two），该系统允许用户扭曲和转动出现在 EyePhone 平视显示器中的虚拟对象，如图 4-9 所示。

这个发明是历史上第一个 VR 控制器，它使得人们可以操控眼睛中看到的图像，迈出了人与虚拟现实互动的第一步。

1993 年，世嘉公司在消费电子展上宣布了用于世嘉 Genesis 控制台的世嘉 VR 眼镜，该环绕式原型眼镜具有头部跟踪、立体声和 LCD 屏幕功能（见图 4-10）。自此，VR 开始进入游戏领域。

尽管世嘉的 VR 眼镜最终没有市场化，但是为 VR 游戏的发展指明了方向。

图4-9　商业VR系统RB2（来源：wareable）

图4-10　世嘉VR眼镜（来源：vrs）

1995年，伊利诺伊大学的学生设计了CAVE（Cave Automatic Virtual Environment，洞穴式自动虚拟环境），使用LCD快门眼镜和墙壁投影来创建用户可以穿过的由三面墙壁组成的空间，如图4-11所示。

CAVE的创新之处在于支持多个用户同时享受虚拟现实体验。

尽管以上介绍的大部分VR设备早已尘封作古，但是，在当时每一项发明都是极具开创性的。一代又一代先行者在VR技术发展的历史长河中不断接力，一步步推动AR技术向前发展。

图4-11　CAVE VR房间（来源：wareable）

### 4. 现代 VR 设备

当今市面上主流的 VR 设备已经基本满足人们的初级需求，消除了早期 VR 设备的体积大、重量重、延迟高、眩晕等缺陷。

VR 设备的技术原理非常简单，主要由四部分组成：显示器、眼镜片、陀螺仪和处理器。显示器用来展示画面，眼镜片用来把画面进行立体成像，陀螺仪用来进行视角检测，处理器用来进行数据运算。不同类型的 VR 设备对这四部分中的部分功能进行计算机外接或用手机代替。

不同 VR 设备的功能对比如图 4-12 所示。总体来说，市面上常见的 VR 设备可以分为三类。

| 组件名称 | 功能描述 | VR眼镜盒子 | VR一体机 | 外接式VR头戴式显示设备 |
| --- | --- | --- | --- | --- |
| 处理器 | 计算处理 | 手机代替 | ✓ | 电脑代替 |
| 显示器 | 画面显示 | 手机代替 | ✓ | ✓ |
| 眼镜片 | 立体成像 | ✓ | ✓ | ✓ |
| 陀螺仪 | 视角检测 | 手机代替 | ✓ | ✓ |

图4-12　VR设备功能对比

1）入门级 VR 设备

VR 眼镜盒子属于入门级 VR 设备，在观看时需要配合手机。这类设备核心部分其实是一对凸透镜片，盒子只是用来构成一个密封空间并起到支撑手机的作用，因此这类设备的成本较低。

此类设备的典型代表是谷歌公司的 Cardboard VR 眼镜，也称"谷歌纸盒"，如图 4-13 所示。

图4-13　Cardboard VR眼镜（来源：谷歌公司）

Cardboard 最初是谷歌公司法国巴黎部门的两位工程师大卫·科兹（David Coz）和达米安·亨利（Damien Henry）的创意。他们利用谷歌"20% 时间"规定，花 6 个月的时间打造出这个实验项目，意在将智能手机变成一个虚拟现实的原型设备。

Cardboard 一经上市便大获成功，销量达到数千万，成为 VR 低价体验产品的鼻祖。同时，谷歌公司还推出了手工版教程，只需要自行购买两个凸透镜片，再利用硬纸片就可以自行安装一架简易的 VR 眼镜。

除了 Cardboard，三星的 Gear VR 以及国内厂商的 VR 眼镜盒子都属于此类产品。这类设备的缺点是在使用时画面大小和分辨率都由手机屏幕尺寸决定，而且画面会有黑色边框，因此，用户体验大打折扣。

2）进阶级 VR 设备

VR 一体机属于进阶级 VR 设备，这类设备本质上是把眼镜盒子和手机集成在一起。VR 一体机无须借助计算机和手机等任何输入输出设备，携带方便，不受空间限制。

此类设备的典型代表是 Oculus 推出的 Oculus QUEST 2，如图 4-14 所示。

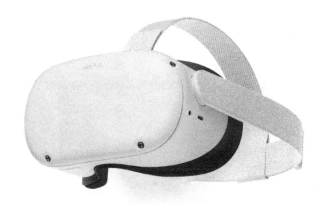

图 4-14　Oculus QUEST 2（来源：Oculus）

成立于 2012 年的 Oculus 公司是全球领先的 VR 企业，2014 年被 Meta 公司收购。

2016 年，Oculus 公司曾推出 Oculus Rift，该设备可以通过 DVI 或者 USB 接口连接计算机，能够追踪头部运动，其立体影像能够提供真实的 3D 影像，戴上之后用户将完全进入虚拟世界。Oculus QUEST 2 是 Oculus Rift 的升级版，分辨率提高到 4K 级别，而且支持"串流"。

在一体式个人体验 VR 设备中，Oculus QUEST 2 广受用户青睐。此外，国内知名手机厂商和视频内容网站也推出了 VR 一体机。

这类产品为了保证头部佩戴的舒适性，需要对体积和重量进行限制，因此硬盘配置方面无法达到高配置计算机的水平，无法支撑超大型游戏的运行。

3）专业级 VR 设备

外接式 VR 头戴式显示设备属于专业级 VR 设备，这类设备具备独立屏幕，产品结构复杂，技术含量较高，须外接高配置计算机才能体验。这种 VR 头戴式显示设备通过计算机端的高性能保证游戏的低延迟和高画质，为重度游戏玩家提供沉浸式体验。

HTC 公司的 Vive Pro 系列是这类设备的典型代表，如图 4-15 所示。

图4-15 Vive Pro（来源：Vive）

HTC Vive 是由 HTC 与 Valve 联合开发的 VR 头戴式显示设备系列产品，于 2015 年 3 月首次发布。由于 Valve 的 SteamVR 提供技术支持，因此可以在 Steam 平台上利用 Vive 体验虚拟现实游戏。

Vive Pro 是专业级的 PC-VR 系统，Vive Pro 为满足专业级的 VR 用户需求而设计，为游戏玩家提供了丰富的功能，如从用户坐姿到大空间体验，以及多用户模式。Vive Pro 相对早期的产品着重改善佩戴体验和分辨率等问题，增加了内置耳机、双传声器（麦克风）和双前置摄像头，提供高质量的视觉保真度和强大的音效，从而带来优秀的沉浸式体验。

与前两种 VR 设备相比，外接式 VR 头戴式显示设备可以带来更好的 VR 体验，缺点是需要外接较高配置的计算机才能体验，便携性差，而且价格较高。

### 5. 其他感官 VR

当前主流的 VR 设备大都只能满足视听体验。但是，从 1957 年莫顿·海利格发明的世界上第一台 VR 设备 Sensorama 的功能就可以看出，人们对 VR 的追求远远不止于视觉和听觉。因此，除了 VR 头戴式显示设备，人们还需要其他感官的同步体验,这样方能带来沉浸式的感受。

1)嗅觉

除了视听,气味是我们感知世界的另一重要途径。

OVR Technology 公司研发了一款可以配合 VR 头戴式显示设备使用的气味装置 ION,用于在虚拟世界中获得嗅觉体验,如图 4-16 所示。

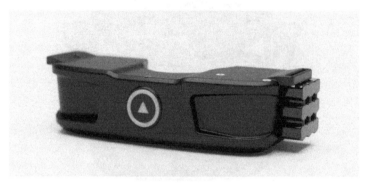

图 4-16　ION 气味装置(来源:OVR)

ION 可以配合 VR 视听过程实时进行气味输出,进一步提升用户感官综合体验。ION 的专利技术支持 0.1ms 的气味释放,并且可以在 20ms 内进行气味切换。ION 可以通过 Wi-Fi 或 USB 控制并集成到常用的 VR 头戴式显示设备中。

INO 使用方法如图 4-17 所示。

图 4-17　ION 使用方法(来源:OVR)

日本的 VAQSO 也是一家专业研究 VR 嗅觉的公司，目前该公司已经开发出包括女性香水在内的 15 种味道。

VAQSO 公司生产的 VAQSO VR 采用带式佩戴方式，适用于搭配任何 VR 眼镜或头戴式 VR 一体机，如图 4-18 所示。

图4-18　VAQSO使用方式（来源：VAQSO）

2）味觉

视觉、听觉、嗅觉分别可以用光、声波、空气等介质来传播，但是味觉不同。味觉必须直接将食物与舌头接触，而且，要想获得完全真实的咀嚼感，必须将仿真食物放入口腔进行咀嚼。

2012 年，美国缅因大学计算与信息系统学院助理教授尼梅沙·拉纳辛哈（Nimesha Ranasinghe）创造了一个名为"Taste/IP 虚拟味觉装置"的电子装置，该装置可以模拟人的舌头所能感知的基本味道：酸、咸、苦、甜，以及薄荷和辛辣等感觉。这个装置包含电气和热控制单元，体验者将舌头放在这两个电极之间，就可以感受到虚拟的味道。

尼梅沙·拉纳辛哈对虚拟味觉的研究在全球处于领先水平，但是目前尚未有消费级产品推向市场。

2014年，美国Kokiri实验室推出Project Nourished项目（见图4-19），目前已向用户提供体验产品。不同于尼梅沙·拉纳辛哈的研究装置，该项目搭配免吞咽餐具和仿真食品，拥有咀嚼功能，增加了味觉体验的真实性。

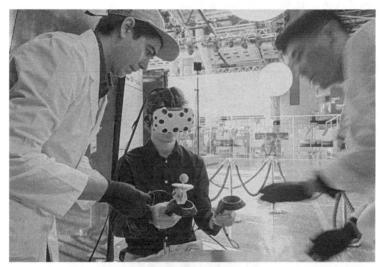

图4-19 Project Nourished项目（来源：projectnourished）

Project Nourished提供了一个开放平台，利用人工智能、VR、AR和MR等多种技术创建沉浸式饮食体验。这个平台由带有传感器的嵌入式设备、SDK、AI框架、食品、饮料和医药模式等组成，可以让用户在虚拟世界中使用免吞咽餐具尽情享用虚拟大餐。

3）触觉

皮肤是人体面积最大的感知器官，触觉是VR实现沉浸式体验必不可少的重要部分。触觉神经几乎遍布身体各个位置，因此触觉VR设备也包括很多种。

（1）VR面罩提供脸部触觉体验。

面部皮肤在虚拟场景中的雨天或者飞翔时需要能对水滴和气流进行感知。

美国Feelreal公司开发的感官面罩Sensory Mask除了可以模拟255种气味，还可以模拟脸部触觉，让沉浸体验更深。

Sensory Mask感官面罩可以提供水雾、风、热、震动等四种脸部触觉体验，水雾由超声波电离系统提供,可以感受雨水落在脸颊的感觉;风由两个强大的微型冷却器提供,可以享受凉爽的山风;热由微型加热器提供,可以体验沙漠的烈日;震动由电机提供,可以感受拳击实战效果。

(2)VR 手套提供手部触觉体验。

手是人最主要的触觉器官,因此,很多 VR 科技公司率先提供了手部触觉解决方案。

美国科技公司 HaptX 推出的触觉反馈手套 HaptX Gloves 是市面上屈指可数的提供高保真触觉反馈的 VR 手套,如图 4-20 所示。HaptX Gloves 触觉反馈手套的每根手指可以获得 5 磅(约 2.27kg)的力反馈,可支持高达 2 亚毫米级别的精度追踪,是目前最精确的运动追踪手套之一。

图 4-20　HaptX Gloves 触觉反馈手套(来源:HaptX)

HaptX Gloves 触觉反馈手套的每只手套上拥有 133 个触觉反馈点,可最大限度地覆盖手部皮肤,以模拟现实物体的质感。同时,通过特制的电磁系统跟踪每根手指的活动,确保跟踪精度接近现实。

目前,HaptX Gloves 触觉反馈手套已经应用于军事训练、工业设计、外科手术等领域。遗憾的是,HaptX Gloves 触觉反馈手套主要面向企业级用户,而且价格高昂，个人消费者使用门槛较高。

除了 HaptX 的手套产品，其他 VR 手套如 Gloveone、Manus VR、Dexmo 等都是面对个人消费者的产品。

（3）VR 紧身衣提供躯干和四肢触觉体验。

除了脸和手，躯干和四肢也需要在射击、格斗类游戏中获得真实痛感，或者在虚拟世界中触摸物品和被别人触摸时获得触感。

英国公司 Teslasuit 研发了一款 VR 紧身衣，可以让用户的躯干和上下肢主要部位感受虚拟体验，比如在进行射击、冒险类游戏时体验被击中或撞击的感觉，如图 4-21 所示。

图 4-21　Teslasuit 公司的 VR 紧身衣（来源：Teslasuit）

玩家穿上 Teslasuit 公司的 VR 紧身衣后，不仅可以触摸游戏环境和游戏人物，还能让虚拟人物触摸你，体验各种不同的感觉。该设备将虚拟现实的视觉和身体的感觉完美融合，达到身临其境的效果。

（4）VR 皮肤提供皮肤触觉体验。

上述大部分 VR 触觉设备都是由电机提供触觉体验，穿戴笨重且需要外接电源或电池。这种方式极大地限制了应用且舒适性不佳。因此，前沿科学家试图研发一种直接贴合在皮肤表面的人工合成"皮肤"，使得在满足触觉体验的同时保证穿戴舒适性。

目前可穿戴合成皮肤科研已经获得一些成果，但是均处于研究阶段，尚未出现上市产品。

香港城市大学的技术团队研发了一套 VR 皮肤系统，这套系统可以无线接收指令，然后通过振动仿真"触感"，克服了 VR 触觉设备笨重的缺点。用户通过一片贴在皮肤上的又轻薄又柔软的器件，就能感觉到虚拟世界，甚至是远在千里之外的亲人传递来的"触感"。

该研究成果的论文"Skin-Integrated Wireless Haptic Interfaces for Virtual and Augmented Reality"（皮肤集成触觉反馈界面在 VR 和 AR 当中的应用）于 2019 年 11 月发表在《自然》杂志上。

Skin-Integrated VR system 由 700 多个功能组件组成，厚度不到 3mm，内部包含多种不同的层，包括与皮肤接触的可逆柔软黏合界面的薄弹性层、支持无线控制系统的有机硅封装功能层、一系列相互连接的执行器层以及透气织物层，这层透气织物类似于普通衣服。

用户在虚拟现实中（或使用计算机）聊天时，可以通过佩戴 VR 皮肤实现触摸交互，如图 4-22 所示。

用户通过手指在屏幕上从上向下扫，VR 皮肤上就会呈现出逐行反馈，此时用户会感觉到有个东西从身上划过。相应地，用户在接收到物体挤压的感觉时，也可以感知这个物体的形状。

瑞士科学家也进行了相关方面的研究，他们提出了可穿戴合成皮肤的创意原型 SPA-skin，该皮肤只有 500nm 厚，可以让 VR 用户"触摸"虚拟世界中的物体。

该成果的论文"Closed-Loop Haptic Feedback Control Using a Self-Sensing Soft Pneumatic Actuator Skin"（使用自感应软气动执行器皮肤的闭环触觉反馈控制）于 2020 年发表在 *Soft Robotics* 杂志上。

SPA-skin 由一个可拉伸的薄型自感应软气动执行器和一个超柔顺的薄膜应变传感器组成，通过受力振动反馈创建一个新型的双向触觉平台。皮肤不会影响手指的移动,当激活执行器后,会使薄膜膨胀,让用户产生触摸的感觉。

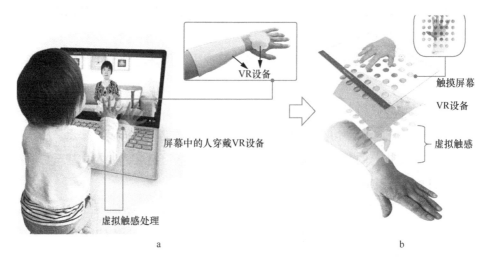

图4-22 Skin-Integrated VR system应用(来源:nature)

4)其他VR设备

玩家在虚拟世界中走路、跑步或者飞行,这些功能需要相应的VR设备来实现。

(1)VR模拟飞行器提供飞翔的体验。

Somniacs AG公司开发的Birdly是一台可以与HTC Vive VR头戴式显示设备配合使用的飞行模拟器,如图4-23所示。这台设备为用户带来在天空中像鸟儿一样飞翔的体验。

Birdly的所有技术组件集中在一个金属底盘中,融合了逆风模拟、3D音频、视觉冲击等功能,可以带来沉浸式VR飞行体验。

(2)VR跑步机提供动作体验。

玩家在虚拟世界行走时,现实世界的身体需要保持在安全区域内,此时可以借助VR跑步机来实现。

Virtuix公司推出的Omni One是射击竞技类游戏体验最好的VR跑步机之一,它可以让玩家在虚拟世界中完成不限速奔跑、坐下、躲避、扭转或跳跃等动作,如图4-24所示。

图4-23　Birdly VR模拟飞行器（来源：Birdly）

图4-24　Omni One（来源：Virtuix）

Omni One 体积大小类似于家用跑步机，可以放在虚拟现实游戏爱好者的客厅使用。此外，Omni One 配有专用鞋，有助于减少鞋与站立的地板之间的摩擦，而且可以让玩家的脚保持稳定，避免横向滑动。

除了 Omni One，市面上还有 Cyberith Virtualizer、Kat Walk Mini、Spacewalker VR、Infinadeck、Aperium K-01 pod 等 VR 跑步机产品。

（3）VR 鞋提供虚拟行走体验。

相对于跑步机，VR 鞋无须占用场地，在任何地方，只需要拥有一把旋转椅子，就可以体验虚拟行走。

Cybershoes 是当前市场上总体表现较好的 VR 鞋之一，该产品拥有 360°自由行走、活动追踪且易于操作等优势，如图 4-25 所示。

图 4-25　Cybershoes（来源：Cybershoes）

Cybershoes 几乎可以兼容任何 VR 游戏，并可以与 SteamVR、HTC Vive、Oculus Rift、Windows Mixed Reality 和 Pimax 配合使用。

除了 Cybershoes，市场上还有 Taclim、Ekto 等品牌的 VR 鞋产品。

### 4.1.2　AR，在现实中叠加虚拟

AR（增强现实）是一种将虚拟信息与现实世界叠加融合的技术。与 VR 构建完全的虚拟世界不同，AR 是通过手机、平板电脑、眼镜等设备将虚拟的信息在现实世界显示出来，最终达到丰富现实世界的目的。

AR 运用多媒体、三维建模、实时跟踪及注册、智能交互、传感等多种技

术手段，将计算机生成的文字、图像、三维模型、音乐、视频等虚拟信息模拟仿真后应用到现实世界中，两种信息互为补充，从而实现对现实世界的"增强"。

目前，常见的 AR 技术应用是利用手机摄像头扫描现实世界的物体，通过图像识别技术在手机上显示相对应的说明文字、图片、音视频、3D 模型等。

曾经风靡全球的任天堂旗下的手游 *Pokemon GO*（《宝可梦 GO》）就是一款经典的 AR 游戏，如图 4-26 所示。

图4-26  *Pokemon GO*（来源：Unsplash）

*Pokemon GO* 中融入了先进的 AR 技术，玩家可以在现实生活中捕捉皮卡丘、妙蛙种子、杰尼龟等虚拟精灵。在街边草丛、岩石壁缝、城市楼宇，利用手机 App 就可以看到躲在这些地方的精灵，这就是将虚拟动物叠加到现实世界的典型应用。

AR 的实现分为三个步骤：首先生成现实世界环境的图像；其次使用允许将 3D 图像覆盖在现实世界对象的图像上的技术；最后使用技术允许用户与模拟环境进行交互。

AR 显示设备包括透明屏幕、眼镜、手持设备、头戴显示器等。其中，由于拥有便利性，AR 眼镜是当前非常受欢迎的 AR 穿戴设备之一。AR 眼镜将电子部件集成在眼镜片上，实现将虚拟信息叠加在视线范围内物体上的效果。

自 2012 年谷歌公司推出企业级 AR 眼镜产品 Glass Enterprise Edition 2（见图 4-27）后，各大巨头纷纷跟进。尽管 AR 眼镜市场曾经历波折，但是，当前的市场仍然欣欣向荣，微软公司、亚马逊公司、Meta 公司、苹果公司都在积极布局。

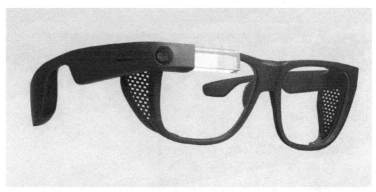

图4-27　Glass Enterprise Edition 2（来源：谷歌公司）

Glass Enterprise Edition 2 可以帮助物流、制造和现场服务等行业的工作人员快速、免提访问工作所需要的信息和工具，如检查维修清单、查看操作说明或发送检查照片 / 视频等，大幅度提高工作效率。

未来元宇宙不只是一个隔绝于现实世界的虚拟世界，而是可以与现实世界相互连通和交互的，其中 AR 将扮演重要角色。也许，从某种意义上说，虚拟世界和现实世界加在一起，才是未来真正的元宇宙。

### 4.1.3　MR，虚实之间自由融合

混合现实（Mix Reality，MR）包括 VR 和 AR，是 VR 和 AR 融合而产生的新的可视化环境。

在 MR 中，虚拟世界映射在现实世界中，同时现实世界也映射在虚拟世界中，两者互相叠加并存，实时交互。

相对于 AR，MR 技术更为复杂。AR 将虚拟图像叠加在现实世界上，最

终以可视化图像呈现,相对而言技术实现较为容易,只需要图像叠加即可。而MR最重要的是要实现将现实世界叠加到虚拟世界中,因此涉及较难实现的现实物体虚拟化的问题。

MR需要先扫描周围的物理环境,然后创建一个一模一样的3D模型,并且将这个数字模型导入虚拟世界中,同时,还可以让用户通过手势控制的方式进行交互操作。

除了MR,值得一提的还有CR和XR。

影像现实(Cinematic Reality,CR)的概念最早由谷歌公司投资的Magic Leap提出,目标是要创造和电影特效一样逼真的虚拟效果。与AR、MR的不同之处在于,Magic Leap不是通过创建3D对象和风景来增强现实,而是将看起来像真实3D的对象叠加到现实世界中,创造一种进入电影世界的完全逼真的体验。

扩展现实(Extended Reality,XR)指的是上述所有技术的统称。XR中的X代表未知变量,除了包括上述AR、VR、MR、CR,亦包括未来可能出现的各种现实。

### 4.1.4　全息投影,裸眼可见的虚拟现实

全息投影,也称全息图(Hologram),已经存在了几十年。全息图一词是由英国电气工程师和物理学家丹尼斯·加博尔(Dennis Gabor)于1949年创造的。

Hologram是两个希腊词的组合,holos意为整体,gramma意为消息,聚在一起意指创造一个完整的图像。

与普通画面不同,全息图是一种三维图像,使用光(或激光)创建。对用户而言,全息投影与上述各类XR技术的主要区别在于无须佩戴眼镜等设备,而且可以从任何角度观看。从广义上说,全息投影也包含在XR范围内。

周杰伦在"2013魔天伦世界巡回演唱会"上与邓丽君同台演唱时就使用了全息投影技术,在舞台上再现了邓丽君的形象。

2015年中央电视台春节联欢晚会中的歌曲节目《锦绣》也是依靠全息投影

技术完成的。李宇春身着锦绣服装在演唱《锦绣》时，四个分身同时出现在全息投影膜上，亦幻亦实的舞台效果让观众拍手称赞。

传统立体显示技术利用双眼视差的原理进行成像，而全息投影技术完全不同。全息投影可以通过将光线投射在空气或者特殊的介质（如玻璃、全息膜）上呈现 3D 影像。人们可以从任何角度观看影像，得到与现实世界中完全相同的视觉效果。

现阶段，各类表演中所使用的全息投影技术都需要用到全息膜或玻璃等特殊介质，而且需要提前在舞台上做各种精密的光学布置，操作复杂且成本高昂。

目前，主流的全息投影技术有以下几种。

- 胡椒的鬼魂。"胡椒的鬼魂"是操作简单且非常流行的全息投影技术，它通过反射玻璃片上的图像来实现。这是一项成熟的技术，已经应用多年。唯一的缺点是需要将一面有机玻璃放在舞台上，同时需要保持舞台足够黑暗。
- 雾屏投影。雾屏投影的工作原理是使用雾机生成一个"屏幕"，然后把全息图投影到该屏幕上，从而创建出在剧院和鬼屋中常见的戏剧性全息图。不过，雾屏投影容易受到外部因素如风、光线的干扰，因此必须在封闭空间内使用。
- 全息纱布。全息纱布是一种涂有高反射金属涂层的剧院纱布。全息纱布很薄，而且几乎透明，这意味着它可以有效地反映投影，而不会阻挡其背后的任何东西，并且不会受到外部因素影响。

### 4.1.5　体感技术，捕捉人体动作

体感技术指的是用设备对人的动作进行识别的技术。通过该技术，人们可以直接使用肢体动作与设备及其中的虚拟内容进行交互。

体感技术使得人工智能和人类一样具有了三维立体视觉，可以识别人的肢体动作、眼球动作，甚至是表情，从而进一步理解动作含义并执行相应指令。

体感技术可以分为三大类。接下来分别介绍。

1）惯性监测

惯性监测主要是以惯性传感器为主，例如用重力传感器、陀螺仪以及磁传感器等来感测用户肢体动作的物理参数（如加速度、角速度以及磁场等），再根

据这些物理参数求得用户在空间中的各种动作。

这种监测方式比较简单,需要用户穿戴传感器设备,然后根据对传感器的追踪完成动作识别。当前 VR 触觉穿戴设备如 VR 手套等大部分已经集成体感元件,从而可以与虚拟世界进行动作交互。

2)光学检测

相对于惯性监测,光学检测技术的难度较大。光学检测主要通过获取人体影像,捕捉人体动作,再将动作与游戏中的内容互动。

光学检测实现体感交互分为三步:第一步,采集,通过深度摄像头抓取到人物及背景;第二步,提取,把人物与背景分离开,提取人物肢体;第三步,识别,对人体骨架动作进行分析,识别手、手臂或下肢等的动作。

3)联合监测

联合监测指的是综合采用惯性和光学两种方式进行监测,设备的主要配置包含手柄和摄像头,其中手柄包含重力传感器、陀螺仪以及磁传感器,摄像头用于捕捉人体影像,结合这两类传感器,对人体手部动作进行侦测。

## 4.1.6 脑机接口,所有感知一步到位

脑机接口(BCI)是研究如何连接大脑与计算机并进行信息交换的技术。通过脑机接口,在人或动物的大脑与外部设备之间建立连接,从而形成单向或双向的信息交换通道,达到从大脑控制外部设备或外部设备向大脑传输信息的目的。

根据信息传输方向,脑机接口分为单向脑机接口和双向脑机接口。单向脑机接口只允许单向的信息通信,比如只允许外部设备接收大脑传来的命令,或者只允许外部设备向大脑发送信息。双向脑机接口允许大脑和外部设备同时进行双向信息交换,比如大脑在向外部设备发送信息的同时可以接收外部设备传来的信息,从而实现即时交互。

根据与大脑的连接方式,脑机接口可以分为非侵入式脑机接口和侵入式脑机接口。非侵入式脑机接口将感应电机放在头皮上,隔着头皮、颅骨和脑膜记录大脑的脑电波。这种方式虽然安全性高,但是精度差。而侵入式脑机接口是将类似于微丝阵列(用于皮层上)和密歇根式探针(用于皮层中)的电极植入

大脑内。虽然这种方式具有更好的精度，但面临安全问题。

脑机接口技术的研究至今已经有几十年的时间。1973年，美国加州大学洛杉矶分校教授雅克·维达尔（Jacques Vidal）第一次提出脑机接口概念。2008年，匹兹堡大学神经生物学家宣称，实验证明，猴子通过脑机接口能操纵机械臂给自己喂食。2020年8月29日，马斯克旗下的脑机接口公司用"三只小猪"向全世界展示了可实际运作的脑机接口芯片和自动植入手术设备，进而引发全球脑机接口热潮。

对人类来说，所有的感知，包括听觉、视觉、嗅觉、味觉、触觉等感知到的信息都会传输到大脑，最终在大脑中形成意识。因此，在未来的元宇宙中，我们或许无须通过各种VR设备，以及眼睛、耳朵这些器官和神经系统进行中转，直接通过计算机把感觉数据传递给大脑是一种获得意识的快捷方式，如图4-28所示。

图4-28　脑机接口与VR信息传输对比

在电影《黑客帝国》中，主人公尼奥的大脑通过脑机接口与矩阵系统连接，他的意识完全沉浸在程序建立的虚拟世界里。尽管当前技术离电影描述的情节还很远，但这正是典型的元宇宙脑机接口应用场景。

综上来看，脑机接口将是人们在元宇宙中进行感知交互的终极形式。

## 4.2　基础设施

### 4.2.1　5G，让数据传输更快

元宇宙中涉及海量的数据传输且对数据传输效率要求很高，一旦数据传输

卡顿或延迟，就会造成用户体验大幅度下降。5G 技术解决了数据高效传输的问题，为元宇宙的深度沉浸式体验提供了保障。

5G 指的是第五代移动通信技术（5th Generation Mobile Communication Technology），它是具有高速率、低时延和大连接特点的新一代宽带无线移动通信技术。

国际电信联盟（International Telecommunication Union，ITU）对 5G 的性能要求是，用户体验速率达 1Gbps，时延低至 1ms，用户连接能力达 100 万连接/平方公里。与 4G 等前几代移动通信技术相比，5G 的优势可以简单概括为速度更快、覆盖范围更广。

### 1. 5G 大幅度提升频谱利用效率

提升无线移动通信的速度，本质上是提升频谱利用率，即寻找一种方法实现在有限的频谱资源的情况下容纳更多的用户，同时让每个用户传递更多的信息。

2G、3G、4G 在频谱效率提升上采用了当今无线移动通信领域的三大技术，即 FDMA（频分多址）、TMDA（时分多址）和 CDMA（码分多址），而 5G 是 2G、3G、4G 的融合加强版，融合越多，越接近"香农极限"。

香农定理是美国数学家克劳德·艾尔伍德·香农（Claude Elwood Shannon）在 1948 年提出的一个著名公式：

$$C = B \log_2 \left(1 + \frac{S}{N}\right)$$

其中，$C$ 为最大信息传输速率，$B$ 为信道的宽度（即频谱带宽），$S$ 为信道内所传输信号的平均功率，$N$ 为信道内部的高斯噪声功率。

根据这个公式可以知道，即使频谱带宽无限大，传递信息的速率也是有极限的，因为噪声 $N$ 会随着频谱带宽 $B$ 的扩大而扩大。同时可以推导得出在给定的频谱带宽条件下信息传输速率所能达到的上限。这个上限就是"香农极限"。

5G 所实现的频谱效率已经在很大程度上接近香农极限。

### 2. 5G 大幅度提高信号覆盖范围

在无线移动通信中，由于电磁波传输过程存在信号衰减问题，因此信息覆盖功能需要通过基站来完成。基站是用户手机连接到移动运营商网络的中转设备。

要想提高电磁波的传播速率，必须提高频率，而提高频率将大幅度加重电磁波传播途中的损失，因此5G对基站的技术要求更高。

4G网络所使用的一般为大型基站，占用较大空间，并且建造成本高。如果5G使用同样的基站，需要高出数倍4G数量的基站才能覆盖相同的区域，这将带来巨大的成本。为了克服这个问题，5G将采用体积小、覆盖面积小，但成本远低于大型基站的微基站，通过多点密集布局的方式实现数据传输，如图4-29所示。

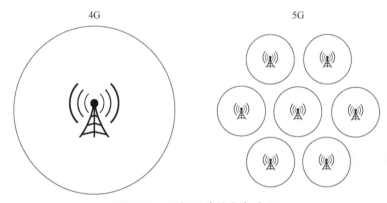

图4-29　4G与5G基站分布对比

通常情况下，一个基站的覆盖范围是一个以基站为圆心的圆形区域，在这个圆形区域内的手机都可以接收到基站发出的信号。因此，离基站近的地方信号强，上网速度快，接打电话清晰；离基站远的地方信号就弱。

但是，在一个基站覆盖的圆形区域内，移动设备的分布是不均匀的，当移动设备增多时，所能接收的信号质量反而降低。如果移动信号均匀覆盖，就会出现有移动设备的地方信号质量低，而没有移动设备的地方信号质量高，这使得移动信号覆盖的效果大大降低。

在5G时代，要保证每个基站所覆盖的用户无论距离远近，人们是否均匀地分布在基站覆盖的范围内，都要有大带宽和低时延的上网体验。为了实现这个目的，5G进行了一些重要的技术创新。

1）Massive-MIMO（大容量多入多出）技术

早期移动运营商的基站采用的是类似"探照灯"的形式，发射出去的电磁波覆盖120°的扇面（每个基站的三根天线即可覆盖一个圆形区域），而被"照射"到的区域就有信号。

这种方式会造成前面所提到的问题，由于使用移动设备的人不会总是均匀地分布在120°的扇面区域中，有可能扎堆在一个扇面的小部分区域，这将造成"探照灯"照射的浪费。

到4G时代，我们已经有了比"单入单出"的"探照灯"式信号覆盖方式更好的"多入多出"和"波束赋形"技术，这就好比将一个大的"探照灯"变成多个"聚光灯"，这种方式会主动找到扇形区域中聚集的移动设备，然后集中进行信号覆盖。这种方式采用的是"4T（Transit）4R（Receive）"技术，即基站的一根天线可以通过4个"聚光灯"向多个移动设备发送信号，同时有4个"聚光灯"负责接收移动设备回传到基站的信号。

到5G时代，通信设备制造商已经将5G天线的主流技术推进到"8T8R"，这是一种更大容量的多入多出技术。值得一提的是，我国的华为公司已经可以实现"64T64R"技术，该技术远远领先于业界。

2）上下行解耦技术

当前，5G应用的主流频谱是3GHz～6GHz，这个波段也被业界称为C-Band。C-Band拥有大带宽，是构建5G eMBB（Enhanced Mobile Broadband）的黄金频段，全球大多数移动运营商已经将C-Band作为5G首选频段。

但是，C-Band频率很高，频率越高的电磁波的波长越短，传输的距离越短，而且容易被障碍物阻挡，衰减较大，严重影响用户体验，这业已成为5G部署的瓶颈。

上下行解耦技术重新定义了频谱配对方式，可以理解为"下行5G频率，上行4G频率"，如图4-30所示。在上行受限区域中，下行数据在C-Band频率传输，而上行数据在4G频率传输，从而提升上行覆盖范围。简单来说，当基站向移动设备通信时采用5G高频传输，因为基站可以加大发出的信号功率以解决信号穿透的问题，但由于移动设备的功率有限，所以移动设备向基站的上行传输时使用频率较低的 4G 频率，因为 4G 频率低，波长较长，可以更好地穿过障碍物。

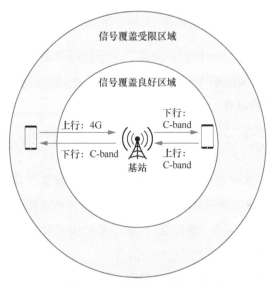

图 4-30　上下行解耦技术示意

此外，在 5G 领域还有很多解决信号覆盖和降低组网成本的技术，比如华为公司的 Single RAN 技术、应对室内覆盖的 LamSite 和 DOT system 技术等。

### 4.2.2　物联网，让万物与网络互联

物联网（Internet of Things，IoT）是指通过各种信号传感器、射频识别、全球定位系统、红外感应器、激光扫描器等技术，实时采集物理对象的声、光、热、电、力学、化学、生物、位置等信息，并与数据库和管理系统进行交互，从而实现对物理对象的感知、识别和管理的网络。

人们进入元宇宙所用到的各类电子设备都需要用到物联网技术。

世界上最早的"物联网"概念可以追溯到 20 世纪 80 年代初期。当时，卡内基·梅隆大学拥有全球第一台隐含物联网概念的设备——可乐贩卖机。这台可乐贩卖机由学校的一群工程师发明，它可以连接到互联网，并且在网络上检查库存，用来确认可供应的饮料数量。

1991 年，马克·维瑟（Mark Weiser）发表了"The Computer of the 21st Century"（21 世纪的计算机）论文。该论文提到的"普适计算"概念为物联网的发展奠定了基础。

宝洁公司的技术开发人员凯文·阿什顿（Kevin Ashton）自称是最早使用"物联网"这个概念的人。1999 年，他在宝洁公司所做的一次演讲的标题为"Internet of things"。他认为，射频识别对于物联网至关重要，这将使计算机可以管理所有其他电子设备。

有人认为金属氧化物半导体场效晶体管（Metal-Oxide-Semiconductor Field-Effect Transistor，MOSFET）技术的进步是促成物联网快速发展的推手。原因在于"低功耗"是物联网中的传感器被广泛使用的关键因素，而当前 MOSFET 技术已经可以制造出纳米级的设备，进而大幅度降低设备功耗。此外，绝缘层上覆硅（silicon-on-insulator）与多核心处理器技术的发展，也是物联网得以普及的重要原因。

通俗来说，物联网意味着原先不联网的家庭设备，比如空调、洗衣机等，都可以通过 Wi-Fi 或蓝牙方式联网，进而利用手机即可远程操作或控制。比如到家前可以开启空调，一回家就能感受舒适的室温，或者由冰箱记录食物的消耗状况，自动提醒主人下单等。

欧洲电信标准组织（European Telecommunications Standards Institute，ETSI）提出了物联网的三层架构：底层的感知层、中间层的网络层，以及上层的应用层，如图 4-31 所示。

感知层为物联网的基础，其中包含各种具备感测与通信能力的设备，借以感知和侦测环境数据，如声音、温度、湿度、亮度、速度等，并将相关数据传输至网络层；而网络层用于收集所有节点的数据，其中包含各种有线与无线网络技术，必要时可以整合异质网络，将数据汇流到物联网专属的运算中心进行处理；应用层根据客户需求分析收集的数据，用来提供各种应用。

物联网将"物"连入人们使用的网络，实现了万物互联，促进了人机深度交互。未来在元宇宙中，物联网不仅可以实现将 VR 穿戴设备所产生的数据导入虚拟世界，而且有可能实现虚拟世界甚至是虚拟意识对现实物体的控制。

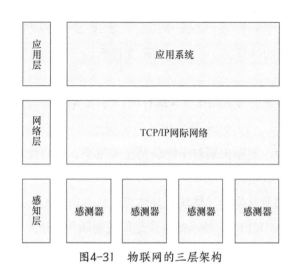

图 4-31　物联网的三层架构

### 4.2.3　边缘计算，更高效的数据处理

边缘计算（Edge Computing）与物联网相伴而生。

边缘计算是指无须上传至云端，而在靠近数据源头的一侧（网络边缘）进行就地计算的技术。边缘计算在应用程序端发起，可以产生即时的网络响应，满足用户对网络的快速交互需求。

说到边缘计算，不得不提云计算。云计算是一种集中式服务，所有数据都通过网络传输到云计算中心进行处理。云计算的本质是将所有的网络数据集中在一起进行协调处理。因此，用户通过网络就可以获取无限的数据，而不受本地数据容量的限制。而边缘计算的优势是无须把数据传输到遥远的云端，在边缘侧就能解决。边缘计算更适合实时的数据分析和智能化处理，相较单纯的云计算也更高效和安全。

边缘计算并非完全颠覆和取代云计算，而是与之相辅相成。准确来说，边缘计算是对云计算的一种补充和优化。云计算把握整体，边缘计算更专注局部，非实时、长周期、大容量的数据分析由云计算远程处理，而需要实时响应、快速交互的短周期数据由边缘计算就地执行。

在元宇宙中，我们通过 VR 设备呈现逼真的视觉效果，这依赖于大量的实时计算渲染工作。为了满足海量运算的需求，VR 设备需要外接高配置计算机。用户动作形成的实时数据通过 VR 设备收集，再传输到计算机上，甚至游戏服务商的服务器上，经过计算后再传回 VR 设备实现效果，这就是典型的云计算。

在实际应用过程中，由于用户距离云服务器较远，海量数据的运算和传输会不可避免地造成延迟或卡顿，这将严重影响用户体验。

因此，如果把边缘计算技术应用于 VR 等感官交互设备，可以实现数据快速处理、实时反馈，从而降低延迟，最终实现人们所期望的元宇宙世界的深度"沉浸感"。

### 4.2.4 人工智能，打造智能化元宇宙

元宇宙是极其庞大且多重的虚拟宇宙，其中的天地万物不可能完全由人工构建，我们需要依赖人工智能按照设定的要求自动生成。不可避免的是，随着人工智能高度发达，人工智能可能产生人类意识，进而对人类造成潜在威胁。

笔者预测，虚拟世界最终会产生虚拟人，它们由人工智能创造，具有人的意识，甚至在未来可以借助人造生物体来到现实世界。

人工智能是使用计算机来模拟人的某些思维过程和智能行为（如学习、推理、思考、规划等）的技术，目的是制造出一种能与人类智能相似的方式做出反应的智能机器人或程序。该领域的研究包括机器人、语言识别、图像识别、自然语言处理和专家系统等。

1872 年，塞缪尔·巴特勒（Samuel Butler）在小说 *Erewhon* 中提到类似人类智能机器的概念。随后，很多科幻小说开始引入对人工智能的描述，其中往往涉及机器对人类的反抗或背叛。

1956 年，"人工智能之父"和 LISP 语言的发明人约翰·麦卡锡（John McCarthy）召集了一次人工智能会议来讨论人工智能未来的发展方向。这次会议确立了"人工智能"这个术语，并为未来人工智能的发展起了铺垫的作用。自此工人智能的重点开始变为建立实用的能够自行解决问题的系统，并要求系统有自学习能力。

人工智能的应用领域包括以下五个方面。

### 1. 问题求解

目前，被实践所证明的人工智能的最大成就是下棋程序。

1997 年，IBM 生产的超级计算机"深蓝"击败国际象棋世界冠军加里·卡斯帕罗夫（Garry Kasparov）。2016 年，谷歌公司的母公司 Alphabet 旗下 DeepMind 公司的人工智能程序 AlphaGo（阿尔法狗）与围棋世界冠军、职业九段棋手李世石进行围棋人机大战，以 4∶1 的总比分获胜。2017 年，在中国乌镇围棋峰会上，阿尔法狗与世界围棋冠军柯洁对战，以 3∶0 的总比分获胜。围棋界公认阿尔法狗的棋力已经超过人类职业围棋顶尖水平，在 GoRatings 网站公布的世界职业围棋排名中，其等级分曾超过排名人类第一的棋手柯洁。

阿尔法狗的主要工作原理是人工智能的"深度学习"，通过深度学习，阿尔法狗拥有了分析和归纳并解决问题的能力，如向前看几步，把困难的问题分解成一些较容易的子问题等。到目前为止，人工智能程序已经能知道如何考虑它们要解决的问题，即搜索解答空间，寻找最优解答。

### 2. 逻辑推理与定理证明

逻辑推理是指遵循逻辑规律进行分析推理，把不同排列顺序的意识进行相关性的推导。人工智能在同一思维过程中，同一个概念或同一个思想对象必须保持前后一致。

定理证明是指数学领域中对臆测的定理寻求一个证明，证明定理时，不仅需要根据假设进行演绎的能力，而且需要某些知觉的技巧。因此，在这个过程中可以应用人工智能技术。

### 3. 自然语言处理

语言是人类区别于其他动物的本质特征之一。在所有生物中，只有人类才具有语言能力。人类的逻辑思维以语言为形式，人类的绝大部分知识也是以语言文字的形式记载和流传下来的。人类的多种智能都与语言有着密切的关系。

人们一直以来试图通过自然语言与计算机通信。如果这一方式能够实现，人们将无须花费大量时间去学习各种机器语言和代码，可以极大地提高人机交互的效率。因此，对自然语言的处理是人工智能的一个重要组成部分，也是人工智能技术应用于实际领域的范例。

### 4. 智能信息检索技术

人工智能用于信息检索的技术主要有神经网络、遗传算法、自然语言理解和 ID3 算法等，应用领域有以下两大方面。

- 网络智能知识服务系统。网络智能知识服务系统是专门解决目前网络信息资源浩瀚而获取难的矛盾而设计开发的。网络智能知识服务系统可分为知识采集系统、智能知识处理系统、智能知识服务系统和知识库四大部分。
- 智能代理技术。智能代理技术是人工智能技术的一个重要研究领域，它将是克服现有网络检索问题的有效手段。目前，国外的一些智能代理产品或嵌入智能代理技术的产品已经投入使用。

### 5. 专家系统

在现实世界中，人类专家由于拥有丰富的知识，所以具备解决疑难问题的能力，因此，如果计算机程序能整合专家的知识，也能够解决问题，甚至解决人类专家无法解决的问题。

目前，在矿物勘测、化学分析、规划和医学诊断等方面，专家系统已经达到甚至超越人类专家的水平。

未来，人工智能将在多重元宇宙的内容建设过程中扮演重要角色。庞大的多重元宇宙体系需要海量的内容填充，而且这些内容需要即时生成、即时体验，因此，对内容的供应效率提出了极高的要求。在这种情况下，仅凭项目团队乃至全体用户创作都是无法完成的，我们需要成熟的人工智能技术自动生成内容，比如土地、山川乃至房屋、道路等，只有这样才能降低内容创作门槛，为用户自主建设元宇宙提供基础。

在前期，人工智能可以承担元宇宙中生产辅助内容的工作，甚至达到让创作者所想即所得。但是，随着人工智能和机器学习的进一步发展，人工智能可以完全构建一个完整的虚拟宇宙，除了山川、河流、街道、房屋等无生命的物体，还可以构建各类有生命的生物。

CHAPTER 5
第5章

# 元宇宙的形成

▲
▲

元宇宙的形成有两种方式——自上而下和自下而上。

自上而下指的是中心化的"超市"方式,由巨头构建平台,采用完全自建或自建+开放结合的方式填充内容,然后吸引用户进入。巨头提供平台服务,从中获得利润。

自下而上指的是去中心化的"夜市"方式,开发者和创作者自发地聚集,并形成包括大量共识用户在内的社区。这种平台不属于任何公司,由社区共同拥有并采用DAO进行治理。

当前的元宇宙建设中,两种方式并存。自上而下的方式进展迅速,正在抢占市场。自下而上的方式进展缓慢,但是具有茁壮的生命力。

未来,两种方式一定会发生交融,或许自下而上的模式将完全主宰整个元宇宙。

## 5.1 自上而下，巨头的进击

### 5.1.1 Roblox，元宇宙第一股

Roblox 上市引爆元宇宙概念热潮，被称作"元宇宙第一股"。

Roblox 是一个由 Roblox 公司开发的大型多人在线游戏创建平台，用户不仅可以玩各种类型的游戏，而且可以设计创建自己的游戏及其中的物品，如 T 恤及衣服等。用户可以使用平台通证在虚拟商店交易这些物品。

2006 年 Roblox 上线，目前全球拥有近 2 亿用户，每天有超过 4 300 万个活跃玩家，美国 16 岁以下的青少年中有一半在玩 Roblox。

Roblox 主要为青少年设计，目标年龄段为 8~18 岁。很多游戏具有卡通风格，适合家庭亲子体验。此外，Roblox 中的每款游戏都是多人游戏，用户可以与虚拟朋友或现实中的朋友一起玩，从而获得丰富的游戏社交体验。

Roblox 登录页面如图 5-1 所示。

图5-1　Roblox登录页面（来源：Roblox）

目前，Roblox 最大的玩家群体是 14 岁以下的儿童，而游戏开发者则以年轻人为主。游戏开发者使用 Roblox 的专有游戏开发工具 Roblox Studio 创建和分享自己的游戏，并且获得收入。

Roblox 采用"基础功能免费＋高级功能付费"的模式。用户订阅 Roblox Premium 并支付会员费后，可以享受其提供的额外功能。免费功能包括玩大量

游戏和使用 Roblox Studio 游戏构建器。付费功能包括将头像设置成动画、购买或交易游戏道具等。

简单而言，Roblox 上有两种参与模式——玩游戏和创建游戏。用户注册、登录后，可以玩各种游戏，如创意类、挑战类、射击类、格斗类、运动类等游戏。

Roblox 同时提供社交功能，用户可以创建和加入群组、聊天、与他人互动。

Roblox 发布平台通证 Roblox，使用通证 Roblox 可以在虚拟商店购买物品、升级游戏服装、提升游戏战斗力等。获取通证 Roblox 的方式为直接购买、会员领取、接受捐赠等，以及创建游戏。该通证类似于储值积分，仅在平台上流通，不是真正意义上的加密货币。

Roblox 采用的是典型的 UGC（User-Generated Content，用户生产内容）模式，总体来看仍是中心化的互联网模式。

## 5.1.2　Meta，元宇宙的急先锋

近年来，Meta 公司一直在元宇宙领域动作不断。从收购 VR 硬件公司到直接将公司改名，相对于谷歌公司、亚马逊公司等众多互联网巨头，Meta 公司对元宇宙的布局格外引人注目。

社交将是元宇宙率先进入的领域，这正是互联网社交巨头不敢大意的主要原因。人们已经厌倦了二维平面图形的视频社交模式，渴望三维沉浸式的社交体验。未来，人们在远程聊天时，不再手持 2D 电子屏幕，而会身临其境面对面交流，甚至可以触摸到对方。

Meta 公司在元宇宙领域的布局非常全面，包括 VR 硬件、内容生产、前端应用、底层技术、加密经济等。

### 1. VR 硬件

VR 硬件是元宇宙的入口，人们必须依赖硬件方能实现与元宇宙的感知和交互。2014 年 3 月，Meta 公司以价值 20 亿美元的现金和股票收购了行业领先的头戴式 VR 硬件公司 Oculus。

2016 年 3 月，Oculus 公司发布第一款消费者版本的头戴式 VR Oculus Rift。2017 年，Oculus 公司发布一款名为 Oculus Go 的一体式 VR 头戴式显示设备。

2019 年，Meta 公司发布 Oculus Go 的高端升级版 Oculus Quest，后续又发布了 Oculus Quest 2。

Oculus 公司的 VR 硬件的销量一直处于全球领先地位，这进一步确立了 Meta 公司在消费级 VR 硬件领域的地位。

除了 VR 头戴式显示设备，Meta 公司还积极布局其他 VR 硬件领域，如"电子皮肤"。Meta 公司创始人扎克伯格曾表示，Meta AI 和卡内基·梅隆大学合作开发了一种全新的开源触摸感应电子皮肤 ReSkin。

通过穿戴电子皮肤 ReSkin，用户不必穿戴厚重的 VR 头戴式显示设备和感应服装，就可以在元宇宙中实现逼真的感知和交互。

通过在 VR 硬件领域的积极布局，Meta 公司试图在元宇宙的入口占据先发优势。

### 2. 内容生产

VR 硬件只是入口，真正留住用户的是内容。就目前来看，游戏和社交一样，都是最先进入元宇宙的领域。对游戏而言，内容才是王道。因此，Meta 公司在游戏内容方面也重点发力。

1）自制内容

自制内容包括以下三个方面。

- Meta 公司主站。Meta 公司在其主网站的新闻流中提供 3D 全景视频版本，支持用户使用 Oculus VR 头戴式显示设备观看。
- Instagram。Meta 公司旗下的 Instagram 利用 VR/AR 技术与博物馆合作，提供虚拟博物馆之旅服务，其中包括美国国家历史博物馆、法国凡尔赛宫、泰国大皇宫等数十家博物馆。
- Messenger。Meta 公司旗下的 Messenger 让用户可以通过第三方工具在 Messenger 平台上进行社交分享，包括对图片进行动画编辑，实现动态图像，让照片与语音结合等功能。预计用户很快就可以穿戴 Quest 头戴式显示设备与 Messenger 好友进行聊天互动。

2）开发平台

Meta 公司推出了开发者中心 Oculus Developer Hub（ODH），支持开发者为

Oculus 平台贡献内容。

3）外部收购

2019 年 11 月，Meta 公司收购 VR 游戏 *Beat Saber* 的开发公司 Beat Games。*Beat Saber* 是全球畅销的 VR 游戏之一。通过这次收购，Meta 公司不仅吸引了大批用户，而且吸引了一批优秀的 VR 游戏开发人员。

2021 年 6 月，Meta 公司收购 VR 游戏 *Population：One* 的开发公司 BigBox。*Population：One* 是 Oculus 平台上表现较好的游戏之一，为 Oculus 头戴式显示设备提供了有力的内容支撑。

除了这两次标志性的收购，Meta 公司还收购了 VR 游戏 *Lone Echo* 的开发公司 Ready At Dawn、*Onward* 的开发公司 Downpour Interactive、*Asgard's Wrath* 的开发公司 Sanzaru Games 等众多游戏内容创作公司，这些动作进一步夯实了 Meta 公司的 VR 游戏内容储备。

**3. 前端应用**

2021 年 8 月，Meta 公司推出远程办公应用程序 Horizon Workrooms（见 6.2.2 节）。扎克伯格在 Horizon Workrooms（见图 5-2）中接受首次 VR 采访。

图5-2　Horizon Workrooms（来源：Meta）

除了 VR 落地应用，Meta 公司在 AR 领域也推出了相关产品。早在 2017 年，Meta 公司就发布了 Spark AR，该产品是一个 AR 创建工具，支持用户在手机上创建自己的 AR 效果。Spark AR 可以在 Instagram 上使用，同时兼容 macOS 和

Windows 操作系统，可与 Sketch 或 Photoshop 等工具相媲美。

Spark AR 操作简便，即使用户不懂技术，也可以轻松地创建自己的 AR 效果，同时支持导入 3D 文件或声音。比如，在 Spark AR 中，用户可以将自己的 3D 对象插入项目中，更改其属性并添加交互性、逻辑和动画。同时，如果用户没有自己的 3D 模型，Spark AR 还在 AR 库中提供大量现成的 3D 对象。

Spark AR 借助 Instagram 的庞大用户量，正在推动混合现实成为主流。

### 4. 底层技术

用户端的应用需要各类底层技术的支撑，只有掌握底层核心科技，才能在产业链上游拥有行业话语权。据相关媒体和证券研究机构披露，在底层技术方面，Meta 公司也在积极布局。

在 VR 头戴式显示设备体验方面，Meta 公司持续发力。2020 年 9 月，Meta 公司收购了新加坡 VR/AR 变焦技术公司 Lemnis。Lemnis 公司的技术可以解决 VR 头戴式显示设备体验中的视觉不适和头晕问题。

在头戴式显示设备能耗方面，Meta 公司收购了爱尔兰 Micro-LED 公司，该公司拥有一项技术，可以把 VR 设备的能耗降低到原来的 2.5%~5%。

在眼部追踪方面，Meta 公司收购了丹麦眼动追踪公司 The Eye Tride。该公司开发了一个用于计算机的眼动追踪设备开发套件，该套件可以为 VR 头戴式显示设备提供眼球追踪功能。此外，The Eye Tribe 还开发了视网膜凹式渲染技术，让 VR 系统可以根据用户视线定向生成画面，而不必同时生成全部画面，从而大幅度减少计算量。

此外，Meta 公司在底层技术的布局还涉及面部识别技术、脑计算、地图数据、3D 建模、游戏引擎、空间音效等众多领域。

### 5. 加密经济

加密支付承担加密经济的流通媒介，钱包是加密经济的重要入口，Meta 公司在这两方面均有涉足。

Diem（原名 Libra）是一种加密支付系统。根据"Diem 白皮书"，Diem 的目标是构建一个新的去中心化区块链、低波动性的全球支付体系和智能合约平台。相关媒体报道，Diem 计划建立由 100 个合作联盟节点构成的数字经济体，目前 Visa、Mastercard、Uber、PayPal 等公司已经签约确认成为创始节点。

另外，Meta 公司官网显示，其旗下子公司 Novi Financial 已推出专为 Diem 设计的 Novi 数字钱包，这是一种基于创新区块链技术的新型支付系统。

除了以上布局，Meta 公司不断加大元宇宙方面的投资力度。

2017 年，Meta 公司宣布将会在 10 年内再投资 30 亿美元，旨在把 AR/VR 推向数以亿计的用户。

2020 年年初，Meta 公司宣布从 2014 年到 2020 年年初，已经在 AR/VR 业务上投入近 50 亿美元。

在 2021 年 Q2 财报上，Meta 公司透露未来将以每年 50 亿美元的规模持续投入建设元宇宙。

2021 年 9 月 27 日，Meta 公司宣布了一项 5 000 万美元的基金，专注开发"元宇宙"平台。

综上可见，Meta 公司已经通过实际行动展开了对元宇宙的全面进击，而且表现出对未来元宇宙志在必得的雄心。

### 5.1.3 英伟达，打造开放式云平台

不同于 Meta 公司的全产业链布局，英伟达公司致力于元宇宙开放式协作平台 Omniverse 的打造。

英伟达公司是全球最大的芯片公司之一，其硬件产品已经遍布虚拟游戏背后的计算设备中，而 Omniverse 作为软件产品将为其带来元宇宙时代新的增长动力。

2021 年 8 月，英伟达公司首席执行官黄仁勋发表"厨房演讲"，其中使用了 14s 的数字替身，成功"骗"过全世界，同时也让全世界见识到 Omniverse 背后强大的图像渲染技术。同时，借助元宇宙热点，Omniverse 名声大噪，英伟达公司在元宇宙的布局也受到市场关注。

Omniverse 是基于 Pixar 公司开源的通用场景与 NVIDIA RTX 的多 GPU 实时模拟和协作平台，主要用于处理 3D 制作和协作领域。Omniverse 工作流程如图 5-3 所示。

Omniverse 平台充当枢纽角色，致力为不同应用的 3D 生态系统供应商实现

通用互操作性。Omniverse 基于开放标准和协议设计而成，提供高效的实时场景更新。

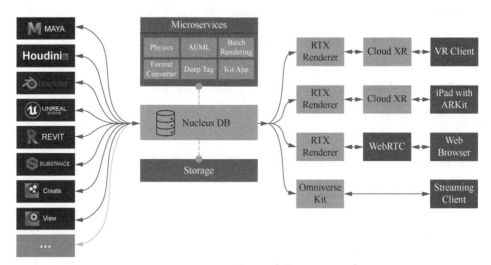

图5-3　Omniverse工作流程（来源：NVIDIA）

Omniverse 已经被宝马集团、爱立信、Foster + Partners 和 WPP 等众多知名企业使用，用于设计协作和创建"数字孪生"，模拟现实世界的建筑物和工厂等项目。

Omniverse 包含 5 个重要组件，分别是 Connect、Nucleus、Kit、RTX Renderer 和 Simulation。这些组件连同所连接的其他 Omniverse 微服务和所有第三方数字内容创作工具，共同组成整个 Omniverse 生态系统。

### 1. Connect

Connect 是一款功能强大的插件，它使得第三方客户端应用能够连接到 Nucleus，以便对虚拟世界进行查看或交互。

使用 Omniverse 连接器 Connect，用户可以继续使用他们喜欢的行业软件开发应用程序。Connect 为流行的 3D 应用程序（包括 3ds Max、Maya、Revit、SketchUp、Rhino 和 Unreal Engine 4 等）提供连接器。

### 2. Nucleus

Nucleus 是一个数据库引擎，可以连接用户并实现 3D 资产和场景描述的交换。设计师连接 Nucleus 后，可以完成建模、布局、阴影、动画、照明、特效或渲染工作，协作创建场景。

Nucleus 依托于通用场景描述（Universal Scene Description，USD），这是 Pixar 公司在 2012 年发明的一种交换框架。USD 于 2016 年作为开源软件发布，为越来越多的行业和应用程序提供了一种丰富的通用语言，用于定义、打包、组装和编辑 3D 数据。

英伟达公司表示，USD 对于元宇宙的作用就像 HTML 对于互联网的作用。USD 可以作为一种支持元宇宙建设的通用语言。用户连接到 Nucleus 之后，以 USD 片段的形式传输和接受对他们虚拟世界的更改。

### 3. Kit

Kit 是一个用于构建原生 Omniverse 应用和微服务的工具包，它基于基础框架而构建。该工具包可通过一组轻量级扩展程序提供各类功能。这些独立扩展程序是用 Python 或 C++ 语言编写的插件。

### 4. RTX Renderer

RTX Renderer 是一款多 GPU 渲染器，它可以充分利用 NVIDIA Turing 及 Ampere 架构中的硬件 RT Core，实现实时的硬件加速光线追踪和路径追踪。

这款渲染器在实现光线追踪之前无光栅化处理，因此可以实时处理大型场景。它包含两种模式，一种是提供快速性能的传统光线追踪模式，另一种是提供高质量结果的路径追踪模式。

### 5. Simulation

Omniverse 中的模拟功能 Simulation 由一系列英伟达公司的技术以插件或微服务形式实现。

Omniverse 物理模拟目前包括刚体动力、破坏和断裂、汽车动力以及流体动力（Flow）等效果模拟。简言之，通过 Omniverse，我们可以让元宇宙变得更加真实。

综上，Omniverse 是一个开放的平台，用户或者企业可以基于 Omniverse 构建元宇宙。用户或企业通过 USD 连接在一个庞大的协作网络中，通过主流的 3D 工具，都可以与 Omniverse 上的其他用户进行交互，共同打造元宇宙生态。

### 5.1.4 微软,构建全新的元宇宙

2021年11月,微软公司的年度技术盛会Ignite 2021在线开幕。会上,微软公司首席执行官萨蒂亚·纳德拉表示,微软公司将探索元宇宙技术。这是继Meta公司之后,第二个正面宣布进军元宇宙的科技巨头。

纳德拉称:"随着数字世界和物理世界的融合,我们正在创建一个全新的元宇宙。从某种意义上说,元宇宙使我们能够将计算嵌入现实世界中,并将现实世界嵌入计算中,从而为任何数字空间带来真实的存在感。"由此可见,微软公司所定义的元宇宙,不是纯粹的虚拟世界,而是虚实结合的混合宇宙。这一点也与微软公司一直以来的技术开发思路相吻合。

微软公司在混合现实软硬件领域已经取得领先的技术成果,未来在元宇宙领域的发展值得期待。

Microsoft Mesh(见图5-4)是微软公司推出的混合现实平台。Microsoft Mesh建立在微软公司的云计算平台Azure之上,提供不同物理位置的人们从多种设备上加入协作和共享的全息体验。

图5-4　Microsoft Mesh效果(来源:Microsoft)

从事3D物理模型(如家具、汽车、建筑物等)设计的设计师或工程师不管身处何方,都可以借助Microsoft Mesh的应用程序在共享虚拟空间中以自己的数字身份出现,并在全息模型上进行交互和协作。

基于 Microsoft Mesh 的第一个重量级应用场景是 Mesh for Microsoft Teams，如图 5-5 所示。Mesh for Microsoft Teams 提供在微软公司现有的 Team 功能（线上会议）之上叠加 Mesh 的混合现实功能。

图5-5　Mesh for Microsoft Teams应用场景（来源：Microsoft）

Mesh for Microsoft Teams 混合现实体验将作为 Teams 功能的一部分在计算机、手机和混合现实眼镜上提供。

用户可以利用 Microsoft 365 中现有文档、演示文稿和内容在空间中共享和协作。

通过个性化的头像，用户可以在会议中保持自己的存在，而无须打开摄像头，在协作过程中用户可以用眼神交流，用现场反应表达情绪，这些反应将通过头像表现。Mesh for Microsoft Teams 最终将支持微软公司所谓的"全息传送"，允许人们在虚拟空间中显示真实的自己。

另外，基于 Mesh for Microsoft Teams，企业用户可以创建类似于物理空间的品牌沉浸式空间，如会议室、设计中心等，为需要协作的员工提供虚拟协作空间。

Microsoft Teams 目前拥有庞大的日活跃用户，借助这个优势，Mesh for Microsoft Teams 有望成为未来元宇宙的第一大入口。

在 VR 领域，早在 2017 年，微软公司就通过收购 AltspaceVR 进行布局。AltspaceVR 是一个虚拟活动平台，成立于 2013 年。该公司提供了一个混合现实环境，来自世界各地的用户可以聚集在一起参加会议，观看综艺节目，参加现场教学课程等活动。

除此之外，微软公司曾在几年前发布过一款游戏《微软模拟飞行 2020》。这款游戏构建了一个等比例还原的"虚拟地球"，并通过接入国际航班信息的方式在游戏中完全还原世界上绝大部分的航线信息，从而构筑出一个接近真实的虚拟地球。

在游戏中，用户可以驾驶各种各样的飞机进行体验，从轻型飞机到宽体喷气式飞机，应有尽有。在飞行过程中，用户还可以体验逼真的飞机驾驶细节，感受白天或夜间以及不同天气状况下的飞行效果。

综上可见，微软公司目前在元宇宙领域的布局以混合现实为技术主轴，以商务办公为主要方向，同时兼顾游戏领域。微软公司的元宇宙产品以现有技术和用户为依托，稳步推进，未来可期。

## 5.2 自下而上，用户和社区的崛起

### 5.2.1 Decentraland，老牌虚拟世界

Decentraland 是建立在以太坊上的去中心化虚拟世界，也是目前非常受加密社区欢迎的虚拟地产平台之一，如图 5-6 所示。

图5-6 Decentraland界面（来源：Decentraland）

Decentraland 诞生于 2015 年，用户可以用一个虚拟化身进入其中体验内容，也可以自己创建内容，并以 NFT 的形式拥有所创建内容的链上所有权。

Decentraland 是去中心化的，完全由用户通过去中心化自治组织 DAO 拥有和运营。DAO 允许用户发起各种提案并对提案进行投票，如果社区审核通过，这些提案将被添加到 Decentraland 的代码中。

Decentraland 由名为 Land 的 90 000 个地块组成，每个地块的长宽为 52ft×52ft（约 15.8m×15.8m）。所有地块基于以太坊建立，是符合 ERC-721 标准的 NFT。

地块所有者可以将多个相邻的地块合并在一起，以建立自己的庄园。除了地块，Decentraland 中独特的头像、名称、穿戴以及其他游戏道具都以 NFT 的形式存在。

Decentraland 还提供可视化构建器工具，用户只需要进行简单的拖放设计，就可以完成自己的建筑物。目前，很多用户已经建造了自己的游乐场、音乐舞台、艺术画廊等不动产设施。

值得一提的是，很多科技公司和区块链公司在 Decentraland 中建立了总部，并且支持员工通过平台聚集在一起进行互动。

从某种意义上说，Decentraland 已经具备元宇宙的早期雏形。

### 5.2.2　Sandbox，虚拟游戏平台

Sandbox 也是建立在以太坊上的虚拟世界，与 Decentraland 不同的是，Sandbox 具有更强的游戏色彩。

类似于 Decentraland 的地块模式，Sandbox 也由基于 ERC-721 标准的 NFT 地块组成，每个地块是边长为 96m 的正方形，地块总数量为 166 464，如图 5-7 所示。

地块代表 Sandbox 地图上的数字地产，玩家可以购买地块，打造各种体验设施；一旦玩家拥有地块，他们就可以用各种游戏和资产来填充。与其他元宇宙实现方式相类似，多个地块能够组合形成庄园，在那里创作者可以创作更大、更加身临其境的在线体验设施。

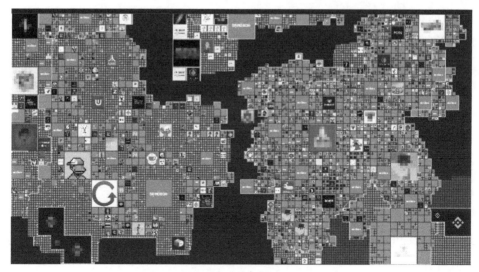

图5-7　Sandbox地块（来源：Sandbox）

Sandbox 是一个由社区、用户生产内容驱动的平台。在该平台上，创作者能够在基于区块链的去中心化环境中通过数字资产和游戏体验获利。Sandbox 平台提供种类繁多的游戏体验（如《维京峡湾》《蘑菇狂热》《甜蜜村》等），其风格和格式与由 Mojang Studios 开发的流行视频游戏《我的世界》非常相似。

为了让这些游戏中的数字物品拥有所有权并且能够交易，Sandbox 上的物品均铸造为符合 ERC-1155 的 NFT，目的是使其具有数字稀缺性、安全性和真实性。

Sandbox 为初学者提供了简单的设计工具 VoxEdit。用户不需要编程知识，使用 VoxEdit 游戏制作器即可进行游戏创作。VoxEdit 允许用户创建和铸造 NFT 资产，这些资产可以在 Sandbox 中进行交易。

Sandbox 游戏引擎建立在 Unity 之上，并针对桌面设置进行了优化。通过 Unity 的通用渲染器，Sandbox 最终将有能力在未来支持移动平台的开发，而无须牺牲游戏质量。

蓬勃发展的 Sandbox 未来将有望成为游戏创作领域的元宇宙。在那里，用户将能够玩游戏、休闲度假以及与世界各地的朋友互动。

### 5.2.3 Cryptovoxels，加密艺术圣地

Cryptovoxels 同样建立在以太坊上，与 Decentraland 和 Sandbox 最大的不同主要有两个方面，一是 Cryptovoxels 上的地块数量没有最大限制，二是 Cryptovoxels 与虚拟现实兼容。

Cryptovoxels 的中心是名为 Origin City 的正方形区域，可细分为 31 个不同的社区，其中包括公共街道和个人拥有的地块。

Cryptovoxels 支持 VR 头戴式显示设备，如 Oculus、HTC Vive 等，这可以让玩家真正地体验虚拟世界，而不是普通的 2D 画面。Cryptovoxels 界面如图 5-8 所示。

图5-8　Cryptovoxels界面（来源：Cryptovoxels）

同时，VR 用户还可以使用语音聊天，直接在游戏中与其他玩家进行交谈。

与 Decentraland 和 Sandbox 一样，Cryptovoxels 上地块的个人拥有者可以自行构建地块上的建筑物。构建地块完全在浏览器中完成，因此无须使用专门的脚本或编程技能，用户可以简单地拖放以放置地块并根据需要构建其地块的不同元素。同时，用户还可以在建筑物上添加各种元素，比如文本、图像、动图、音乐、视频、3D 模型等。

为了在用户浏览器中实现最佳渲染效果，Cryptovoxels 采用了 babylon.js，这是目前非常强大的渲染引擎之一，它完全免费和开源，旨在让每个人都能将自己的想法和创作动画化。

Cryptovoxels 提供免费模式。在不连接以太坊钱包的情况下，用户也可以探索 Cryptovoxels 世界，参加他们感兴趣的活动（比如画廊、艺术展览等）并与之互动。这种模式增加了用户体验的便利性且极大地拓宽了用户群体。

用户参与 Cryptovoxels 建设主要有三种方式：一是使用平台提供的免费、可编辑、非网格空间进行体验；二是在其他人拥有的公共建筑物上建设；三是购买地块并自行建设。

Cryptovoxels 有广泛的应用场景：从商业或会议空间，到艺术展览和画廊，再到住宅和娱乐中心等。但是，就目前来看，Cryptovoxels 以艺术品展示为主，包括画廊和拍卖活动等。在 Cryptovoxels 上，很多艺术家开设了画廊，用户在观看的时候单击作品即可跳转至 Opensea 上进行购买。

Cryptovoxels 目前未涉及游戏元素，设计风格简单易用。未来，Cryptovoxels 有望成为艺术家建立虚拟画廊和艺术品拍卖的元宇宙。

### 5.2.4　Somnium Space，沉浸式 VR 社区

与 Cryptovoxels 一样，Somnium Space 也是一个支持虚拟现实的平台，但是 Somnium Space 最大的特色在于其拥有更加接近现实世界的 3D 效果，旨在提供更加逼真的社交体验，从而构建真正的沉浸式元宇宙。Somnium Space 界面如图 5-9 所示。

从图 5-9 中可以看出，Somnium Space 是所有链上 VR 虚拟世界中画面感体验较好的平台之一。Somnium Space 旨在提供身临其境的 VR 体验，适配众多的主流 VR 头戴式显示设备，同时兼容 2D 观看模式。

Somnium Space 拥有自己的经济和货币、市场、社交体验、游戏、土地所有权等，是一个开放的、用户共建的去中心化 VR 平台。

Somnium Space 总共拥有 5 000 个地块，每个地块大小不一，价值不等。Somnium Space 地图如图 5-10 所示。

第5章 元宇宙的形成

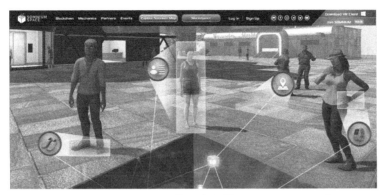

图5-9　Somnium Space界面（来源：Somnium Space）

图5-10　Somnium Space地图（来源：Somnium Space）

Somnium Space 提供建造者工具，支持土地所有者在他们的地块上建造建筑物。此外，用户还可以在 Somnium Space 生态系统中设计和铸造自己的数字资产 NFT。

Somnium Space 团队的最终愿景是将其打造成下一代融社交、电商、娱乐为一体的全新的元宇宙。在这个世界中，用户可以购买土地，建造 / 导入对象，开发和使用化身，将他们的资产货币化，并完全沉浸在虚拟世界中。项目团队致力于利用新兴的 VR 技术，包括 VR 头戴式显示设备、触觉套装、手指 / 眼动追踪和运动设备的适配程序，为用户提供在家中即可享受的便利和舒适的沉浸式 VR 体验。

### 5.2.5 Axie Infinity，能赚钱的宠物游戏

Axie Infinity 由一家名为 Sky Mavis 的越南公司创建，是迄今为止非常成功的区块链游戏之一，也是以太坊上流量非常大的应用程序之一。该游戏在 2021 年年初呈现爆发式增长，并引爆了 GameFi 概念。

Axie Infinity 是基于以太坊的 NFT 游戏生态系统，它借鉴了 Pokemon Go 中数字宠物的有趣玩法，并在游戏中增加了玩家的游戏资产所有权。

简言之，Axie Infinity 是区块链上的 Pokemon Go。该游戏的形式是 3 个卡通怪物组成团队进行回合制战斗，这种卡通怪物称为 Axie。每个 Axie 都具有不同的外形，如昆虫、鸟类、植物、鱼类等，并且不同的身体部位具有不同的能力。

Axie Infinity 提供两种类型的对战模式——用户对环境（称为冒险模式）或用户对用户（称为竞技场）。赢得战斗之后，用户将获得 SLP 游戏通证。

与 Pokemon Go 不同的是，Axie 是存储在以太坊侧链上的 NFT。要创造新的 Axie，玩家需要使用游戏中的通证对现有 Axie 进行培育和繁殖。通过将培育出的 Axie 出售给其他玩家，Axie 所有者便可以获得游戏通证。

通过对战和出售 NFT 得到通证之后，玩家可以在公开市场上出售它们。

除了对战和繁殖，Sky Mavis 公司还推出虚拟土地 Lunacia 供 Axie 居住。Lunacia 土地可分为 90 601 个 NFT 化的地块（plot），地块持有者可获得奖励，比如可以在地块上找到 Axie 通证或者其他物品，这些物品可以用于升级地块或提高 Axie 的等级。此外，用户还可以在地块上开设自己的商店或进行一些其他开发活动。

未来，Axie Infinity 有望成为一款集养成、饲育、收集、买地、农场、战斗、对战、升级等元素为一体的深度养成类元宇宙游戏。

### 5.2.6 Loot，穿梭元宇宙间的身份内核

Loot 是一种仅包含文本的链上 NFT，总数量是 8 000，由 Vine 联合创始人

多姆·霍夫曼创建。

在发布 Loot 之前，多姆发起和参与了一些创新的 NFT 项目，如 Blitmaps、Supdrive 和 Nouns，这些项目吸引了一大批 NFT 追随者。

2021 年 8 月 27 日，多姆在推特发布了一条信息，宣布 Loot 诞生。消息一出，7 777 个可供铸造的战利品（bags）当天被抢购一空。随后的短短几天，Loot 引发了市场热潮，二级市场价格和交易量急速攀升，屡创新高。与此同时，众多媒体争相报道，各路投资者争相入局。

Loot 官网（见图 5-11）只有一段英文，大致意思是"Loot 是随机生成并存储在链上的冒险者装备。统计数据、图像和其他功能被故意省略，以供其他人解释。您可以随意以任何想要的方式使用 Loot"。

图5-11　Loot官网

每个 Loot 包含 8 行文字，以 NFT 形式记录在以太坊上。多姆在推文中展示的第一个 Loot 如图 5-12 所示。

这 8 行文字代表 8 个冒险者装备，分别是武器（Weapon）、胸甲（Chest Armor）、头甲（Head Armor）、腰甲（Waist Armor）、足甲（Foot Armor）、手甲（Hand Armor）、项链（Necklace）和戒指（Ring）。这些装备具有稀缺性，采用随机分配的形式组合在一起。

```
"Grim Shout" Grave Wand of Skill +1
Hard Leather Armor
Divine Hood
Hard Leather Belt
"Death Root" Ornate Greaves of Skill
Studded Leather Gloves
Necklace of Enlightenment
Gold Ring
```

图5-12 多姆在推文中展示的第一个Loot

### 1. 如何使用Loot

这里以 Loot 生态的早期项目 Lootcharacter 进行说明。Lootcharacter 对 Loot 的文字内容进行了像素图像展示，以多姆在推文中展示的第一个 Loot 为例，它翻译成中文后如图 5-13 所示。

```
"冷酷怒吼"死亡魔杖+1
硬皮护甲
神罩
硬皮腰带
"死亡之根"华丽的技能
护腕镶饰皮手套
天启项链
金戒指
```

图5-13 多姆在推文中展示的第一个Loot的中文翻译

Lootcharacter 对图 5-13 中的装备图形化之后的结果如图 5-14 所示。

除了 Lootcharacter，还有很多社区的衍生项目（比如 Loot Swag）对 Loot 的文字有着独特的理解，Loot Swag 对 Loot 进行了更加逼真的图形化，如图 5-15 所示。

还有人基于 Loot 构建了地图，比如 LootRealms 项目中的地图和 Loot 如图 5-16 所示。

由此可见，对于同一个 Loot NFT 中的 8 个词组，不同的人可以对其有不同的理解，不同的项目可以基于 Loot 构建不同的角色，甚至地图、音乐、房屋等其他元素。而这些元素或将成为未来开放元宇宙的组成部分。

第5章 元宇宙的形成　143

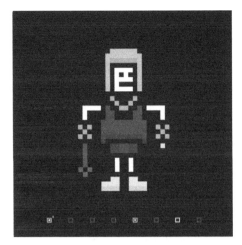

图5-14　Lootcharacter对图5-13中的装备图形化之后的结果

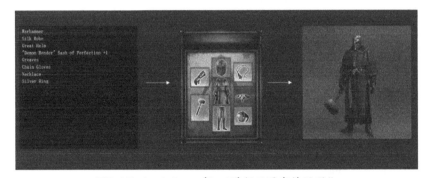

图5-15　Loot Swag对Loot进行了逼真的图形化

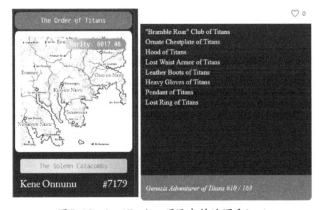

图5-16　LootRealms项目中的地图和Loot

## 2. Loot 与其他 NFT 有何不同

Loot 和其他 NFT 项目相比，具有根本意义上的颠覆性。

以 CryptoPunks 为例，它在发布之初就事先设定好 24px×24px 的头像，持有者或开发者无法对其进行任何更改。而 Loot 则不同，开发者可以定义任何自己想要的头像和其他东西。

绝大多数 NFT 项目允许开发者建好"房子"，将房子卖给用户，而 Loot 会提供一块空地，让开发者按照自己的想法自行建"房子"。

这正是 Loot 与其他项目的最大不同之处，也是 Loot 被称为"NFT 界的以太坊"的原因所在。

目前，Loot 社区的开发者围绕 Loot 已经构建了很多生态应用，尽管它们很初级，但是已经具备星火燎原之势。

## 3. Loot 是多重元宇宙的身份内核

本质上，元宇宙由两大部分——场景和玩家组成。

各大公司或者社区所构建的元宇宙平台属于场景部分，场景是固定不变的，包括其中固定不动的部分，比如土地、道路、房子、树木等，以及能够移动的部分，比如汽车、宠物等。严格来说，平台建立的用户角色系统也属于平台的场景部分。

每个元宇宙平台具有自己独特的场景，比如卡通风格、像素风格等，不同平台之间的场景不同。

对某个固定的场景来说，玩家是动态的，玩家随时可以进入游戏和离开游戏。未来的元宇宙是多重宇宙，而一个玩家在同一时间只能体验一个元宇宙，如果需要体验多个元宇宙，就需要在不同元宇宙之间切换。

如果说每个元宇宙有一套自己的身份系统和装备系统，那么玩家每进入一个元宇宙，就要领取一个身份或一套装备，然后从头开始修炼。在这种情况下，如果玩家在元宇宙 A 中已经修炼到很高的级别，他首次进入元宇宙 B 的时候仍然是一个新手，需要重新开始。前面已经提到，未来会有很多个元宇宙，这种频繁从头再来的方式不仅会让玩家的体验变得很差，而且会使新的元宇宙平台缺乏吸引力。

元宇宙当中需要一套被所有元宇宙公认的、通用的身份系统或者装备系统。

当玩家持有这套装备的时候，他可以进入任意元宇宙。他的链上的年龄、装备的稀有程度，被大家所公认。某一家传统的中心化元宇宙公司是不可能被大家所公认的，必须依赖基于区块链的去中心化社区共识，Loot 提供了这个共识的可能性。

任何以 Web3 为底层或兼容 Web3 的元宇宙都可以适配 Loot，当持 Loot 的钱包登录平台时，平台会自动匹配已经开发好的角色或装备，玩家即自动获得平台角色。该角色具有 Loot 标识，可以被平台上的其他玩家识别，可以满足玩家自我炫耀的需求。

所以，Loot 是一套通用的装备。谁持有 Loot，谁就拥有了自由穿梭各个元宇宙的通行证，并且因为这套装备的稀有性而被其他玩家所崇拜和羡慕。同时，Loot 在不同的元宇宙当中会表现为不同的形态，自动适应所进入的场景。

另外，在同一个场景中，不同的 Loot 将表现出不同的外观形态或装备。从这个意义上说，Loot 相当于人类的基因组。这 8 个词组就相当于基因，决定了 Loot 在元宇宙当中的外观形态或装备。

### 4. 元宇宙平台为什么会接入 Loot

Loot 成为多元元宇宙共识的前提是各个元宇宙平台都接入 Loot，那么它们会不会接入元宇宙呢？就笔者看来，接入与否要看接入后的收益和成本比。收益指的是接入 Loot 后带来的用户流量和品牌效应，成本指的是接入时花费的人工、费用和时间等。

因此，要想让所有元宇宙平台都接入 Loot，Loot 社区要做两件事情。

第一件事情是发展壮大社区共识，提升关注度。当然，Loot 用户上限为 8 000 个，数量非常少。但是 Mloot 弥补了这一缺陷，Mloot 具有相对较大的用户量。另外，类 Loot 项目（如 Xloot、Ploot 等）可以进一步增加整个 Loot 系项目的用户量。最终整个 Loot 系项目的用户量级会让各大元宇宙平台觊觎。

第二件事情是降低开发成本，目前 Loot 社区建设者正在持续开发各类工具，降低开发成本，让元宇宙的 Web3 平台兼容 Loot 的成本越来越低。

接下来分开讨论不同类型元宇宙平台未来对 Loot 的接入状况。

1）巨头元宇宙平台

首先，可以肯定的是，大型元宇宙平台尤其是拥有传统互联网基因的元宇宙平台（比如 Meta 公司这样的互联网巨头）是不会接入 Loot 的，至少在很长一段时间内不会。首先，它们要打造自己的闭环，企图做元宇宙时代的霸主，不可能割舍出玩家装备这一块。其次，Loot 的用户体量与互联网巨头比起来还是非常小的，算上 Mloot 也才几百万用户，即使所有 Loot 仿盘都算上，用户量也是与 Meta 公司几个亿的用户量无法相比的。

但是，在不远的将来，当自下而上的模式不断取得成功时，互联网巨头不得不对 Web3 开放，并且兼容 Loot。

2）小型元宇宙项目

一些忠实的区块链个人开发者或小型团队的项目已经接入 Loot，这些项目基于 Loot 开发，对 Loot 和 Mloot 用户开放。虽然它们现在很小，发展速度很慢，但是具有旺盛的生命力。

3）头部区块链项目

基于区块链的较大型的 Web3 元宇宙项目将会很快接入 Loot。首先，这些项目本身的用户体量不是很大，需要 Loot 和 Mloot 社区带来的精准用户。其次，它们本身的去中心化共识和 Loot 一致，甚至开放团队本身就是 Loot 模式的忠实信仰者。最后，随着 Loot 接入工具的开发与完善，Loot 接入成本越来越低，几乎趋于零。这时候，项目一定会接入 Loot，因为这是一种无需投入却可以获得大量早期用户的方式。

基于 Loot 仿盘开发的项目，目前大多是项目方自己的项目，如果没有利益关系，真正的第三方开发者是不可能撇开 Loot，而只关注 Loot 仿盘开发的。这些项目最终也会接入 Loot 生态。

需要说明的是，接入 Loot 并不只是可以获得这 8 000（上限）个用户，而是所有关注 Loot、Mloot、Loot 仿盘以及 Loot 模式的用户，这将是一个庞大的潜在用户群。

CHAPTER 6

第6章

# 元宇宙的应用

▲
▲

如果把元宇宙仅仅理解成一项技术,从赋能现有行业的角度说,主要有两大方面:一是短期将率先赋能的领域,二是未来长期助力的领域。

游戏和社交行业已经跑步拥抱元宇宙。元宇宙对这些领域的赋能或颠覆正在进行或者早已开始。娱乐行业也已经跃跃欲试,试图给用户带来更加震撼的体验。

虚拟购物等生活领域也在进入元宇宙。未来,在家上班将成为常态。同时,制造业的数字孪生工厂将得到极大应用,元宇宙将助力工业领域。

从某种意义上说,元宇宙对传统行业的赋能也是传统行业向元宇宙的迈进!

## 6.1 率先赋能游戏、社交与娱乐

### 6.1.1 游戏，元宇宙的先锋队

游戏行业是所有行业当中迫切需要拥抱元宇宙的。游戏本身构建了一个虚拟世界，这与元宇宙的虚拟特性不谋而合。

游戏行业占有互联网时代最大的用户量，是重要的互联网应用领域之一，它满足了人们线上休闲娱乐的需求，这一点在元宇宙时代也不例外。

对用户而言，游戏的 2D 显示方式已经乏味，他们渴望游戏画面能够再上一个台阶，带来 3D 沉浸感甚至全方位的感官体验。

游戏应用的丰富内容和海量用户是形成元宇宙的要素。基于这些要素，只需要提升感官交互、完善经济体系、拓展社交功能即可形成元宇宙。

因此，游戏行业将在所有行业中一马当先，率先拥抱元宇宙。

股票市场的表现已经验证了这一点。曾经被资本市场看衰，给出超低评级的游戏行业，在元宇宙新概念的刺激下再次受到市场追捧，迎来了新一轮反弹行情。

对游戏公司而言，进军元宇宙，既是一次锐意创新，又或许是不可避免的终极发展方向。

游戏公司 Epic Games 已经在实践元宇宙的路上迈出了步伐。Epic Games 打造的 *Fortnite*（《堡垒之夜》）是一款生存类游戏，于 2017 年上线。目前，该游戏已经拥有超过 3.5 亿名注册玩家，并且超过 150 万名玩家同时在线。*Fortnite* 游戏场景如图 6-1 所示。

*Fortnite* 上有很多精彩的游戏场景，比如火箭发射、外星人入侵等。用户可以和现实世界中的朋友一起玩游戏，并且可以以虚拟身份见面、逛街、聊天等。

2020 年 4 月，知名饶舌歌手特拉维斯·斯科特（Travis Scoot）在 *Fortnite* 开办了虚拟演唱会，超过 1 200 万名玩家在线上参与。

在演唱会中，斯科特被以数字化方式重新塑造成一个高耸的化身，他在 Fortnite Battle Royale 地图跳舞，玩家则在斯科特的化身周围上下穿梭，场面十分震撼。

图6-1　*Fortnite*游戏场景（来源：Fortnite）

*Fortnite*将社交媒体、流媒体平台和游戏结合在一起，打造了一个超越游戏的虚拟世界，玩家在其中可以进行社交和冒险。与只有二维页面的传统社交媒体不同，*Fortnite*带给玩家的感受与现实生活中所能获得的社交体验更相似，甚至在某些方面超越现实。

从某种意义上说，*Fortnite*从游戏维度出发，已经打造了一个元宇宙的初级版本。

除了*Fortnite*，很多游戏应用也在加速朝元宇宙迈进。同时，很多新的元宇宙游戏也如雨后春笋般出现，游戏玩家将率先迈入元宇宙。

## 6.1.2　社交，从平面聊天到沉浸式交流

社交是人类的刚需，人类之所以能形成社会，根本原因在于人类懂得"社交"。在互联网巨头所垄断的搜索、电商、社交三大板块中，社交占据重要一席。可以毫不夸张地说，当今社会，任何一个人都无法离开社交，尤其是互联网社交。

语言是人类发明的社交工具，是人类在所有生物当中脱颖而出的重要原因。尽管互联网时代社交语言的形式从文字发展为音频、图片、视频等多重形式，但是社交方式仍然局限在二维平面。

当我们与朋友视频聊天时，对方的视频图像出现在手机屏幕中，这与现实

世界中人与人面对交流的感觉存在很大的差异。首先，对方的图像是二维的，而且大小局限在屏幕中，没有三维效果；其次，我们无法和对方进行握手、触碰等肢体交流。

相信每个人在与远方的亲人、朋友聊天的时候，都渴望让对方站在自己的面前，而且能够真实触摸到对方。这是人类社交时的刚需。

元宇宙旨在打造一个完全媲美现实世界的虚拟世界，社交领域的用户需求亟待满足。因此，互联网时代的社交巨头纷纷出击，抢占元宇宙时代的社交市场。

Meta 公司已经率先推出了可搭配 Oculus Quest 2 使用的元宇宙社交应用 Horizon Workrooms，不过该产品目前主要用于远程办公协作。相信 Meta 公司很快会推出生活级元宇宙社交产品。

与此同时，一些创业公司也在元宇宙社交领域积极探索。

Octi 是一个增强现实社交平台，它将现实与元宇宙融合在一起，让用户可以用数字对象和场景创造充满活力的内容，并为创作者提供丰厚的虚拟和实物商品奖励。Crunchbase 显示，Octi 已获得千万美元级融资。

面向 Z 时代用户，Octi 不仅具有 TikTok 的滚动垂直视频和 Snapchat 的 AR 功能，还支持 NFT 导入功能，并为创作提供 Octi 通证奖励，其目标不是仅仅建立一个 AR 社交平台，而是创造未来的社交元宇宙。

在 Octi 上，用户可以访问数以千计的动态对象和场景，从而创建有趣且富有想象力的内容。借助 Octi 先进的相机和 AR 技术，创作者可以变成元宇宙中的虚拟化身。每个人都可以访问数量日益增加的物品库，并使用他们喜欢的专属虚拟特权物品或收藏品来炫耀。在屏幕中，虚拟物品与现实场景叠加在一起，给用户带来震撼的体验。同时，Octi 为用户提供了大量的简易操作工具，降低了用户的 AR 创作门槛。

一旦创作的作品在平台发布且获得用户点赞，创作者就可以赚取 Octi 通证。随着作品受喜欢程度的提高，作品的播放量、互动状况、点赞数不断提升，创作者可以赚取的 Octi 通证将越来越多。使用 Octi 通证，用户不仅可以在 Octi 商店购买各种数字商品，而且可以购买实物商品，如鞋子、化妆品、衣服等。

Octi 还支持 NFT，用户可以将他们的 NFT 作品导入应用程序，供其他用户使用。一旦 NFT 作品被使用，用户将获得 Octi 通证。此外，随着 NFT 在用户中受欢迎程度越来越高，NFT 的市场价值也会增加。

除了 Octi，Flickplay、Uhive 也是社交元宇宙的创新型产品。

未来，对熟人社交而言，聊天双方需要看到对方的真人图像，社交场景将会有两种方式呈现。

第一种是 3D 聊天。在这种场景中，聊天对象的真人影像出现在自己的现实场景中，但是无法触碰到对方。这种场景可以用 AR 或全息投影技术实现，最好的方式是采用全息投影。假设位于中国的用户 A 和位于美国的用户 B 进行远程聊天，实现方法为：用户 B 在其现实场景中布置图像数据和体感采集设备，采集数据后将图像实时投影，在用户 A 的现实场景中进行全息投影，叠加在用户 A 的现实世界中，从而实现用户 A 在自己的现实场景中裸眼看到用户 B。另外，用户 B 也可以看到 3D 效果的用户 A。在全息投影技术尚未成熟之前，用户可以使用 AR 技术，此时聊天双方需要佩戴 AR 眼镜。

第二种是交互式聊天。在这种场景中，聊天者除了可以看到聊天对象，还可以触碰对方，对方也可以感知到触碰，从而实现更加真实的沉浸感。目前，要实现触碰感，用户必须依赖可穿戴设备，因此，如果要以真人成像，则聊天者会看到对方穿戴 VR 设备时的样子。按照现有的技术条件，电子皮肤尚无成熟产品。用户如果穿戴笨重的 VR 背心和 VR 手套出现在聊天场景中，这将大大降低用户体验。因此，用户在聊天时可以带上 VR 头戴式显示设备，使用虚拟化身进入同一个虚拟世界，比如两人在公园长凳上促膝长谈，又或者是一起站在海边交谈，同时还可以触碰感知对方，从而实现远隔千里的朋友面对面交谈的现实感知。

陌生人之间主要以虚拟化身的匿名聊天为主，双方穿戴全副 VR 设备，在虚拟世界中实现沉浸式社交。

总之，社交元宇宙的目标，不仅是虚拟世界中的匿名化身社交，更重要的是让远隔千里的亲人、朋友在现实世界中面对面相聚。

## 6.1.3 电影，身临其境的娱乐体验

除了游戏，电影也是人们的主要娱乐方式之一，从幕布式无声黑白电影到

立体声7D电影，人们一直在追求极致的观影体验。

### 1. 从1D电影到7D电影

1D电影就是早期的无声电影（此处的D不是指维度）。无声电影，或称"默片"，是指没有任何配音、配乐或与画面协调的声音的电影。默片非常依赖大量的身体动作和面部表情，以便观众了解角色的内心思想。

2D电影虽然在无声电影的基础上加入声音和色彩，但仍然停留在二维阶段。2D电影是当前电影播放的主流形式。

3D电影是在2D电影的基础上增加了立体效果。近年来，随着技术不断成熟，3D电影越来越被大众所接受，当前各大影院基本上都支持3D电影播放。

4D电影是在3D电影的基础上增加环境特效，比如震动座椅，以及吹风、喷水、烟雾等效果，让观众通过视觉、嗅觉、听觉和触觉等多重身体感受享受电影带来的全新娱乐体验。

5D电影是对4D电影的环境特效的进一步加强，利用更先进的设备提供更加逼真的身临其境的感官体验。

7D电影在之前电影形式上增加了互动功能，观众能够成为电影中的角色，并且参与射击、对战等交互场景，电影效果如图6-2所示。

图6-2　7D电影效果（来源：Zuriwood）

尽管7D电影看起来和游戏类似，但是它在交互功能方面的尝试已经在向

VR 交互式电影方向迈进。

### 2. VR 电影

VR 电影不同于 3D 电影。

3D 电影是将两个影像重合后产生逼真的三维立体效果，并且通过特殊的 3D 眼镜，让用户在观看影片时产生一种身临其境的感受。所以观众裸眼观看的时候画面是模糊的，必须佩戴上相应的偏振光眼镜。而 VR 电影通过为左右眼提供具有视差的两组图像，从而形成立体感。当裸眼观看 VR 电影时，用户可以看到左右两个屏幕的分屏效果。

虽然 3D 电影与 VR 电影都依赖眼镜才能观看，但是两种眼镜的构造完全不同。3D 眼镜采用"时分法"，根据显示器信号对双眼透光状态进行频繁切换，从而实现立体成像。当显示器输出左眼图像时，左眼镜片为透光状态，而右眼镜片为不透光状态。同理，当右眼镜片透光时左眼镜片不透光。当使用 3D 眼镜时，用户眼睛处于半封闭状态。而 VR 眼镜则在左右眼屏幕中分别显示左右眼的图像，从而使得人眼获取这种带有差异的信息后在大脑意识中产生立体感。VR 眼镜将用户对外界的视觉、听觉完全封闭，引导用户完全置身于虚拟世界。

VR 电影可以分为两大类——非交互式 VR 电影和交互式 VR 电影。

非交互式 VR 电影主要指提前由全景摄像机拍摄好的影片，观众戴上 VR 眼镜即可观看。这种电影和传统电影的观看方式差不多，只是观众在观看这类电影时，可以上下左右自由选择角度。

交互式 VR 电影即 VR 形式的交互式电影。从某种意义上说，交互式电影是电影与游戏的结合体，通过分支剧情的设计让观众自行选择剧情走向，甚至由观众自行设计剧情。

世界上最早的交互式电影是 1967 年上映的 *Kinoautomat*，在剧情进行到关键节点时，电影会暂停，演员亲自上台请观众投票帮助其做出抉择，然后剧情根据观众的选择继续播放。

交互式电影的本质是让观众成为电影中的一个角色，参与剧情的发展。VR 提供沉浸式参与感，可以让观众从感官上真正融入电影。以战争类电影为例，当在枪林弹雨中穿梭时，观众能够感受火药味，甚至是被子弹击中的痛感，同时可以开枪射击。当观众击杀敌人后，还可以改变剧情走向。

Oculus Story Studio 在 *Henry* 中加入了让玩家可以与小刺猬通过眼神进行互动的功能，增加了观众和小刺猬之间的共鸣。这部作品获得美国艾美奖最佳原创互动节目奖。

想在交互式电影中实现极致的沉浸感，需要极大地提高观众参与度，因此，需要海量的分支剧情。如果完全依靠真人拍摄或动画制作，这种沉浸感是不可能实现的。因此，我们需要使用 AI 技术来解决这个问题。未来，当 AI 技术足够发达时，我们可以利用 AI 生成电影中的角色。每个 AI 角色具有独立人格，当观众与某个 AI 角色发生交互时，将引发后续所有故事剧情的变化，而这些变化完全由 AI 自行完成。

## 6.2 助力生活、工作与产业

### 6.2.1 衣服试穿，足不出户逛商场

未来，根据元宇宙的设想，其中的虚拟经济体系将与现实世界的经济体系打通，人们可以在元宇宙中逛虚拟商城，试穿衣服，并且下单购买。尽管目前元宇宙及其中的经济体系尚未成熟，但是"虚拟试衣间"技术和应用已经初露端倪，为愿景的实现奠定了基础。接下来简单介绍虚拟试衣间。

虚拟试衣间是一种支持购物者虚拟试穿商品的技术。购物者可以在虚拟状态下试穿服装或美容产品，而无须让身体接触商品本身。虚拟试衣间通过 AR 和人工智能技术，将商品显示在用户的实时成像上，从而可以让用户对商品尺码、款式、搭配做出选择。

当使用虚拟试衣间时，先由网络摄像头对用户身体进行 360°扫描，并由人工智能创建用户身体的 3D 模型。然后使用 AR 技术将商品叠加在购物者的 3D 模型上，从而实现试穿或试戴效果。

虚拟试衣间有如下诸多好处。

1）促进线上销售

相关调查数据显示，如果商家提供 AR 技术，有近七成的消费者愿意增加购物频次。如果商家提供 AR 产品，则有近四成的消费者愿意花更多的钱用于购物。

基于此，商家甚至无须在门店设立更衣室，只需要放置虚拟现实设备即可，从而节省出大量可用于视觉营销的空间。

2）提升试穿效率

据统计，97% 的消费者因为不够便利而放弃了购物。他们需要走进店内，从衣架上选择正确的尺码，走进试衣间，然后换衣服。这个流程是不方便的。而在试穿虚拟衣服时，购物者只需要走到 AR 虚拟镜子前，便可快速切换身上的衣服。同时，虚拟试衣间还可以直接为用户推荐尺寸合适的衣服，甚至可以为购物者智能推荐合适的服饰搭配。

3）降低退货率

在电商领域，退货率居高不下，即使是最受欢迎的时尚品牌，也面临着这个问题。退货给商家（尤其是承诺无理由免费退货的商家）带来了损失。消费者退货的绝大部分原因是商品尺寸不合适，而虚拟试衣间可以解决这个问题。有零售平台表示，使用虚拟试衣间之后，退货率明显减少。

Warby Parker 是一家眼镜零售公司，专门通过其网站销售眼镜。为了让购物者更好地体验戴上眼镜的效果，该公司在手机应用上推出了虚拟试戴功能。

该功能使用苹果公司的 ARKit 和 TrueDepth 技术在购物者的脸上展示其选中的眼镜。用户可以切换眼镜并查看效果，并最终决定是否购买。

美国时装品牌 Ralph Lauren 在其零售店的试衣间内安装了 AR 虚拟镜子。镜子内的摄像头使用 OakLabs 的 RFID 技术检测购物者将哪些物品带到试衣间，然后调取产品的数据，例如尺寸、颜色等，从而给用户更好的产品推荐。

Ralph Lauren 公司表示，它们的 AR 虚拟镜子的参与率高达 90%。AR 虚拟镜子不仅可以为顾客服务，而且可以通过对虚拟试衣间的数据分析指导其零售策略。

Style.me 是一家专门为服装品牌与零售商提供虚拟试衣和造型解决方案的

公司。通过该公司的平台，商家可以在在线商城内直接嵌入虚拟试衣间，从而为用户提供更好的试衣体验。Style.me 虚拟试衣间演示如图 6-3 所示。

图6-3　Style.me虚拟试衣间演示（来源：Style.me）

随着虚拟试衣间的不断成熟和应用的不断普及，零售巨头将很快推出虚拟商场甚至虚拟商业街等。这些都会融入未来的元宇宙当中，现实世界的电商经济将在元宇宙中找到新的增长点。

### 6.2.2　虚拟办公，让在家上班成为现实

目前世界上大约 24% 的公司应用了远程办公的模式，这些公司以科技公司为主，如 Twitter 公司、谷歌公司、Meta 公司等。远程办公模式在美国等发达国家已经是常态，美国甚至专门制定了《远程办公增强法》。

长期来看，在科技和信息行业，随着协作工具的完善和协作文化的形成，远程办公将逐步成为主流的工作方式。尤其是新冠肺炎疫情爆发后，人们被迫留在家中办公，这一状况加速了远程办公的发展。

远程办公具有很多优势。对员工而言，远程办公省下了通勤时间，而且办公地点可以自由选择，拥有了更多的时间与空间。对公司而言，远程办公降低了租金成本，减少了购买桌椅、计算机等的基础费用。

但是，远程办公也有很多劣势。首先是协作时的响应问题。由于无法面对面交流，沟通时需要依赖通信软件，难以保证沟通顺畅。其次是自律问题。有的员工自律性较差，因为缺少了工作氛围，居家办公的工作效率大幅度降低。最后是人员管理问题。由于无法看到对方，如果有员工不在岗位或者消极怠工，管理人员无法知晓，因此带来了管理上的困难。

VR、AR 技术的发展和元宇宙的构想解决了上述问题，可以在集成现有办公协作软件功能的基础上实现面对面沉浸式交流，从而提升协作和管理效率。

Meta 公司推出的 Horizon Workrooms 是一个以虚拟会议空间为主的 VR 社交平台，提供身临其境的面对面交流和协作体验。用户以虚拟形象加入 VR 会议，或通过视频通话从计算机端进入虚拟房间。另外，用户之间不仅可以使用大型白板描述和交流自己的想法，而且可以将键盘、鼠标带入 VR 空间与他人一起工作。

Horizon Workrooms 可以与 Oculus VR 头戴式显示设备搭配使用，通过采用混合现实桌面和键盘跟踪、手部跟踪、远程桌面流传输、视频会议集成、空间音频等技术，为用户创造媲美现实世界的办公协作体验。

除了 Meta 公司，微软公司也推出了虚拟办公产品 Mesh for Microsoft Teams（见 5.1.4 节），该产品在 Microsoft Teams 工具基础上结合了 Microsoft Mesh 的混合现实功能，允许不同物理位置的人们加入协作和共享全息体验，人们可以在其中加入虚拟会议、聊天、协作处理共享文档以及进行其他协作。

总体来看，随着相关应用的落地，虚拟办公将很快变成现实。

### 6.2.3 企业增效，赋能实体产业经济

元宇宙不仅可以应用到生活、娱乐领域，更重要的是赋能实体经济。

英伟达公司首席执行官黄仁勋认为，企业借助元宇宙，可以在现实世界节省数千亿美元。他在接受采访时称，因为没有事先模拟，我们浪费了很多资源

来弥补现实中的失误。如果大型的制造业工厂，甚至国家级电网这样的庞大设施能在建设之前在虚拟空间中进行模拟，可以减少浪费，提升企业运营效率。

英伟达 Omniverse 企业版是一个端到端的适用于任何规模组织的实时协作和逼真展示的模拟平台。基于这个平台，全球 3D 设计团队能够在共享虚拟空间中跨多个软件套件协同工作。

黄仁勋在 GPU 技术大会上宣布，将与宝马公司联合建立"数字孪生"工厂，并进行展示，如图 6-4 所示。

图6-4 "数字孪生"工厂一景（来源：NVIDIA）

"数字孪生"工厂可以用于现实厂房的规划设计。在 Omniverse 中，工厂设计团队可以使用不同的软件包（如 Revit、Catia）进行实时协作，以 3D 模式设计和规划工厂，所有更改或调整都在 Omniverse 上实时可见。和传统的图纸设计方式相比，这种方式极大地提高了工厂设计效率。

不仅如此，虚拟工厂中的虚拟员工还可以基于员工的数据接受培训，然后在模拟中测试新的工作流程。基于此，工厂的 IE 工程师可以设计高效的作业流程和规划工人的人体工程学。

除了应用于新工厂的规划，Omniverse 还可以用于现有工厂的维护。

西门子能源是全球数万亿美元能源市场中领先的电厂技术供应商之一，它使用 Omniverse 平台创建数字孪生来对电厂进行预测性维护。

西门子能源将工厂实时数据（如进水口温度、压力、pH、燃气轮机功率等）输入英伟达 Modulus 框架创建的物理机器学习模型中，以实时精确模拟蒸气和水流经管道的状态。然后利用英伟达 Omniverse 将管道中的流动状况可视化，从而实时了解管道腐蚀状况并提前维护。

Omniverse 提供了一个高度可扩展的平台，让西门子能源能够在全球范围内复制和部署数字孪生，从而大幅度减少潜在损失。

由此来看，不仅仅是普通人，未来的企业也将以"数字孪生"的形式进入元宇宙。元宇宙将对实体产业发展起到巨大的推动作用。

CHAPTER 7
第7章

# 元宇宙的治理

▲
▲

元宇宙是一个分布式协作的新型的社会组织,如同现实的社会组织需要治理。

DAO 是一种创新的组织形式,基于区块链和 Web3 运行,能够适用于大规模协作社区的自动化治理。

尽管 DAO 是一种新生事物,但是目前已经在资金管理、风险投资等社区组织协作方面有了不错的表现。目前,已经有多个社区采用 DAO 治理。

元宇宙时代,DAO 或将取代公司制,成为主流组织协作和治理方式。

## 7.1 公司制的末路

### 7.1.1 信任的崩溃

公司制发展至今已经有400多年的历史。从东印度公司到现在的互联网巨头，这种中心化的治理制度极大地推动了人类社会的发展。

公司本质上是一个受各方信任的法律实体，这个"信任"因公司章程、股东名册、营业执照等契约文书，公司法等法律文件，银行、市场监督机构等第三方机构共同发挥作用而形成。股东为公司出资，员工为公司打工，用户购买公司的产品，这一切都源于对公司的信任。

如今，随着社会化效率的提升以及用户观念的转变，公司制的发展已经显露疲态，公司制所建立的信任正在走向崩溃的边缘。

2008年9月，雷曼兄弟（Lehman Brothers）破产引发全球金融危机。当时，在公众看来，雷曼兄弟倒闭的主要原因是次贷危机。但是，2010年一份长达2 200页的《雷曼兄弟破产调查报告》指出，雷曼兄弟在倒闭前就长期涉嫌财务作假和亏损隐瞒行为。

雷曼兄弟通过"回购105"（Repo 105）等方式隐藏公司债务、降低财务杠杆比例，进而维持其信用评级。所谓的"回购105"是一种回购协议，即"销售"100个单位值的协议资产，并约定在未来以105个单位值进行回购，当中多出的5个单位值可以视作"贷款利息"。雷曼兄弟正是通过这种会计处理方式减少公司账面负债，降低财务杠杆率，从而"粉饰"公司财务报表，欺瞒投资者。雷曼兄弟在2007年第四季度隐瞒了390亿美元问题资产,2008年第一季度、第二季度则分别隐瞒了490亿美元、500亿美元问题资产。

在这个过程当中，负责雷曼兄弟外部审计的会计师事务所已意识到雷曼兄弟的交易超越会计准则，但却未发出警告，甚至对发现问题的报告置之不理，导致风险扩大。

总体来看,雷曼兄弟只是个例。目前,上市公司财务造假事件时常见诸报端。这不仅是公司运营者本身的问题，而且是包括相关规则和监管制度在内的一整套公司制度的问题。从某种意义上说，这是中心化的公司制的先天缺陷。

## 7.1.2 三边博弈,谁是第一

《公司制的黄昏》一书中提到公司制一直存在一个经典问题——三边博弈。

三边博弈指的是公司中的三个主要角色——股东、员工、用户的利益博弈问题(见图7-1),其中一方要想获得更多利益,就要损害另外两方的利益,无法实现三方共赢。这是以公司制为基础的现代商业中至今无法解决的问题。

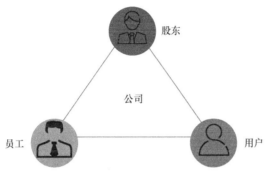

图7-1 股东、员工、用户三边博弈

世界上不同的巨头及其掌舵者对股东、员工、用户中谁应该在利益第一位持有不同看法。

1)股东第一

支持股东第一的代表人物是杰克·韦尔奇(Jack Welch),他在掌管通用电气公司期间曾提出一个口号——"股东利益最大化"。当然,这一说法与韦尔奇职业经理人的身份有关,毕竟首席执行官是由代表股东利益的董事会聘请的,要对股东负责。

这种做法的弊端是会使公司过于注重短期业绩,而忽略长期价值增长,从而在某种程度上损坏员工和用户的利益。

2)员工第一

日本著名企业家稻盛和夫认为要把员工放在第一位,客户第二,股东第三。在他看来,员工是创造价值的主体,正是因为员工的努力,才能做出让用户满意的产品,带来企业利润,最后回报股东。这种观点在日本企业中比较流行。当然,这也与日本企业中常见的终身雇佣制有关。

3）用户第一

在互联网时代，信息不对称的问题被消除，市场变成"买方市场"，用户体验对互联网公司来说至关重要，同时也是企业的核心竞争力。谷歌公司的"谷歌十戒"的第一条就是"以用户为中心，其他一切纷至沓来"。其他的互联网公司也奉行"用户第一"的理念。

那么，股东、员工、用户中，到底应该将谁真正地放在第一位呢？

事实上这个问题是无解的。企业偏向任何一方，都会损坏另外两方的利益。股东拥有企业的所有权，处处以营利为目的；员工只是劳动力的出卖者，用时间换取工资，难以真正为企业着想；用户是产品的购买者，希望以最低的价格买到最好的产品。因此，在公司制的前提下，这三方是无法实现共赢的。

要从根本上解决问题，就必须突破公司制，采用新的协作方式。DAO基于区块链技术建立去中心化的信任基础，解决了三边博弈问题。在DAO中，股东、员工、用户三个身份合而为一，三位一体（见图7-2），每个参与者既是用户，又是股东和员工。在这种情况下，原来的三种角色成为利益共同体。

图7-2　股东、员工、用户三位一体

## 7.2　创作者经济兴起

元宇宙是开放的宇宙，真正的元宇宙应该由创作者构建。创作者经济是吸引用户进入元宇宙的价值所在，而建立创作者经济是DAO的重要作用之一。

帕特里克·里韦拉（Patrick Rivera）在"Come for the creator, stay for the economy"一文中详细阐述了创作者经济创立的三个阶段（见图7-3）：创作者模式、组织模式、协议经济，并以 Mirror 项目为例进行了说明。

图7-3　创作者经济创立的三个阶段

### 1. 创作者模式

创作者模式的目标是帮助创作者产生链上收入。一个创作者的发展路径有四个步骤：创造作品、建立用户、货币化、拓展业务。

目前，对创作者而言，NFT 是加密经济的杀手级应用。去中心化创作平台 Mirror 中已经构建了"创造"和"货币化"的工具，创作只需要专心创作即可。

Mirror 开发了如下创新性的组件。

- ENS 去中心化身份：当用户注册 Mirror 时，还可以使用密钥注册一个 ENS 域名。这个域名相当于用户名，是用户身份的象征。

- Arweave 去中心化存储：Mirror 上的所有帖子都以用户的密钥签名作为摘要并存储在 Arweave 上，这可以确保内容的安全性并使得内容可以永久存储。

- Markdown 编辑器：使用 Markdown 编辑器，用户能够像嵌入图像一样轻松地在帖子中嵌入众筹、拍卖和全球支付的加密功能插件。

Mirror 还为用户提供了一系列智能合约和应用程序，用来帮助他们将作品通证化，从而为作品募集资金。

- 链上众筹：一种新的"赞助 + 所有权"模式。创作者可以使用以太坊地址向全球用户发起众筹，为作品创作获得早期资金。使用众筹工具，创作者在收到资金后会自动向贡献者发布 ERC-20 通证来将其作品通证化。创作者的作品将形成 NFT，该 NFT 的销售收入将以智能合约的形式将一定比例的销售额分配给众筹贡献者。

- 预约拍卖：一种逐渐流行的价格发布机制。NFT 卖家设置最低价格和拍卖持续时间。一旦有出价达到最低出价，系统就会根据卖家设置的持续时间启动时钟。如果在持续时间内有新出价，时钟将重置，计时重新开始。
- 收入分配：在 Web 2.0 中，如果我们将微博或者推文分享给别人，原作者可能将关注流量转化为收入，但是在这个过程中，分享者没有得到任何经济回报。Mirror 中部署了一个收入分配智能合约，允许用户使用以太坊地址自动分配 NFT 销售收入。

### 2. 组织模式

组织模式的目标是帮助创作者建立可持续的加密原生业务。平台帮助创作者完成内容分发、货币化等一系列工作，使得创作者可以专心内容创作。

当前，大部分加密创作的模式是使用通证来承载价值，收入流向个人钱包，然后由个人进行分配。组织模式旨在建立一套可持续的创作经济系统，其基本机制如下。

- 发布通证：即首次对通证进行分配，方法包括众筹、空投、贡献奖励等。
- 扩大链上收入：扩展收入方式，除了 NFT 作品，还有付费会员、咨询服务、可编程订阅等多样化方式。
- 将链上收入转入智能合约：社区产生的销售收入自动流入链上资金合约。该合约管理的资金库由多重签名钱包控制，而钱包中资金的转出则根据社区投票结果操作。
- 用社区治理分配收入：在组织模式下，由社区而不是创作者本人决定分配方式。社区成员可以投票支持"回购"策略或直接分红等分配模式。

Web 2.0 已经有一套成熟的工具用于创作者经济业务，如融资、自动化营销、联盟推广、多级分销等。而 Web3 则采取了完全不同的方式，如多链签名、链上分析、社区治理、通证模型等。

组织模式的应用场景主要有以下几种。

1）出版 DAO

出版 DAO 可以进行工作量分配，帮助创作者获得收入，并通过透明的收入分配方法公平地处置收益。CryptoPunks 就可以理解为一种出版 DAO，其出版作品是 24px×24px 的程序化头像作品。

2）投资俱乐部

r/wallstreetbets 事件给了我们一个启示——人们喜欢组团投资。以 PleasrDAO 为例，这是一个去中心化的投资俱乐部，通过集资的方式购买 NFT。最近，PleasrDAO 为一个 NFT 作品展开了成功的竞购，在众多买家中以约 470 万美元的出价获胜。

投资俱乐部也称为策展人，他们将成为新兴加密经济中最重要的利益相关者。过去，Vogue、Hypebeast 和 TechCrunch 这些策展人引领市场，但是未来 PleasrDAO、WHALE、SeedClub、Flamingo DAO 是真正有潜力的策展力量。

3）去中心化奖励计划

在 Web 2.0 中，几乎所有创作经济平台都有创作者奖励计划，比如 YouTube、今日头条、哔哩哔哩、百度等。这些计划是留住优质创作者的主要手段，奖励形式以现金为主，很少有股权。但是在 Web3 中，这些将会变得不同。现在，Uniswap、Compound 这些去中心化金融协议已经实施了奖励计划。奖励计划实施的大致流程为：创作者在公开论坛上申请资助，社区成员向池中贡献资金、获得 ERC-20 通证，然后质押他们的 ERC-20 通证以投票决定哪些创作者应该获得资助。投票结束后，排名靠前的若干名创作者按得票比例共享资金池中的通证奖励。在这种模式下，很多的顶级创作者都可以启动自己的风险投资基金。

### 3. 协议经济

协议经济阶段的目标是构建一个由 DAO 拥有和运营的协议，该 DAO 由创作者、策展人、收藏家和开发者生态系统组成。

协议经济的代表是 Yearn 项目，它所采用的 Web3 协议完全取代了 Web 2.0 的公司模式，没有风险投资、首席执行官、人事部门等。Yearn 项目最早只是一个个人创建的开源项目，最终演变成一个由全体社区贡献者拥有的集体。到目前为止，Yearn 项目已经成功完成很多复杂的治理事项。

在协议经济阶段，需要考虑以下几个关键要素。

1）协议通证

协议通证有两个功能——货币和资本。当协议通证作为货币时，承担交易媒介、价值尺度的功能，具有高流通性的特点。当协议通证作为资本时，承担价值储藏、社区治理的功能，具有高升值性的特点。因此，有些协议通证项目会将二者分开，形成双通证体系。

2）第三方开发者生态系统

在协议经济中，开发团队不能单方面更改协议，这是与 Web 2.0 时代的公司最大的不同。协议经济需要建立一个由很多第三方开发者组成的开源生态系统，包括经过审计或测试的智能合约、描述整个系统的文档、查询链上数据的子图、用于集成智能合约的 SDK、资助新项目的资助计划、改进协议漏洞的奖励制度，以及明确的技术路径等。

Web3 和 Web 2.0 的一个重要区别是 Web3 的链上数据是公开的。因此，用户可以通过数十个或数百个不同的前端客户端看到以创作者为中心的协议。这些客户端由第三方团队构建，使用协议智能合约中的逻辑和数据，同时也可以与其他协议组合。用户用智能合约创造全新的东西。任何用户都可以对智能合约进行随意调用或组合。

3）社区主导的委员会

社区委员会由社区成员选出，是推动协议向前发展的重要力量。以 Yearn 项目为例，社区成员创建了 yTeams，每个 yTeam 都有权就其负责的领域做出决策。无论是如何分配预算、定义发展路线图，还是提出新的高产"农业"计划。

Web 2.0 时代的公司中开发项目的权利由首席执行官或者项目负责人拥有，而在 Web3 中，决定权掌握在社区手中。以去中心化金融协议经济为例，常见的社区福利计划是资助计划。一些顶级协议每季度分配大约 100 万美元用于被认为对生态系统有益的项目。

协议经济是创作者经济发展的高级阶段，也是未来元宇宙真正需要构建和落地的经济体系。

## 7.3 DAO 概念的诞生

DAO 最早由以太坊创始人维塔利克·布特林在其 2014 年的文章中提出。

在这篇文章中，布特林对 AA、DA、DO、DAO、DAC 等与数字共识相关的术语进行了阐述。

AA 指 autonomous agent，即自主代理。理解自主代理对于真正理解 DAO 非常重要。自主代理属于自动化范畴，在自主代理中，根本不需要特定的人参与。也就是说，人们仅仅需要构建自主代理运行的硬件即可。当前最成功的自主代理案例是计算机病毒。病毒在计算机之间自我复制，甚至能够自行进化，整个过程无须任何人参与。

DA 指 decentralized application，即去中心化应用，也叫 DApp。去中心化应用类似于智能合约，但有两点不同：首先，去中心化应用可以有无限个参与者；其次，去中心应用不仅仅局限于区块链。BitTorrent、BitMessage、Tor 和 MaidSafe 都是去中心化应用，其中 MaidSafe 同时也是去中心化应用平台。

去中心化应用大致可以分为两类。第一类是完全匿名的去中心化应用，其中的每个参与者都是完全匿名的，节点是谁并不重要，BitTorrent 和 BitMessage 属于这一类。第二类是基于信用的去中心化应用，其中系统会追踪并记录节点的状态，确保节点是可信的。MaidSafe 属于这一类。

DO 指 decentralized organization，即去中心化组织。组织包含两部分——组织属性和组织内的各种协议。对营利性机构而言，有三类角色：投资者、员工和用户。非营利机构角色则包括捐赠者、成员和服务对象。

一个去中心化的组织不是由一组人通过法律体系的约束进行协作并控制财产来管理的层次结构，而是根据开源代码中已经写好的协议在区块链上进行交互。在去中心化组织中，代码即"法律"。

DA 和 DAO 之间的主要区别在于 DAO 具有内在价值。也就是说，DAO 包含价值，而且这些价值可以通过某些机制奖励给参与者。而像 BitTorrent 这样的 DA 在系统内是没有价值资产流动的。

DO 和 DAO 之间的另一个区别在于"自治"。也就是说，在 DO 中，做出决策的是某个人或者一群人，而在 DAO 中，决策以某种方式自行做出，无须人为干涉。

为了更好地阐述 DO 与 DAO 的差异，我们以"共谋攻击"为例。DO 和

DAO 都会受到共谋攻击，即串通大多数参与者干预最终决策。比特币的 51% 攻击就是典型的共谋攻击。在遭遇共谋攻击时，对 DO 来说，这是合理行为，因为当绝大多数成员赞成时，方案就应该通过。但对 DAO 来说，这是恶意攻击的反常行为，方案不应该通过。

DAC 指 decentralized autonomous corporation，即去中心化自治公司。DAC 本质上是 DAO 的一个细分类别，包含股份的概念。

## 7.4 正确定义 DAO

本质上，DAO 不是某个具体的东西，而是一种思想，是一个范畴。

DAO 的范围如图 7-4 所示。

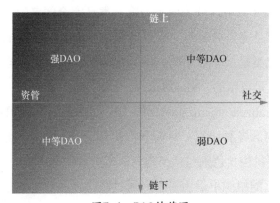

图7-4 DAO的范围

从上链的角度说，DAO 可以分为链上 DAO 和链下 DAO。由图 7-4 可知，DAO 主要有四种形式：链上资管 DAO、链上社交 DAO、链下资管 DAO、链下社交 DAO。从左上角到右下角，DAO 的组织程度由强变弱。

需要说明的是，从强需求的资管领域到弱需求的社交领域，中间涉及很多领域，对 DAO 要求的严格程度从左到右依次降低。

因此，总体而言，DAO 是一个去中心化组织的大范畴。

## 7.5 DAO 的特性

为什么说元宇宙一定要用 DAO 来治理？

前面已经提到，真正的元宇宙是开放的、去中心化的，甚至是开源的宇宙。对于开放式组织的治理，必须使用开放的治理形式，而 DAO 是一个理想选择。

DAO 是围绕共识形成的组织，通过在区块链上实施的一组共享规则进行协作，最终实现组织的共同目标。

相对于传统公司，DAO 更加透明，因为任何人都可以查看 DAO 中的所有协作活动和资金流向，从而大大降低商业舞弊风险。虽然上市公司必须提供经独立审计的财务报表，但股东仅仅只能了解组织的财务状况，而且财务报表存在作假的可能。DAO 与此不同，DAO 的资产负债状况存储在区块链上，任何一笔交易都完全公开透明。

另外，DAO 供全球用户访问和进入的门槛很低，任何人都可以轻松地进入 DAO。同时，DAO 具有很高的自由度，如果不认可 DAO 中的规则，可以随时退出。DAO 与传统公司的差异如图 7-5 所示。

图7-5　DAO与传统公司的差异（来源：Aragon）

相比于传统公司，DAO 具有如下特性。

### 1. 权力下放

当前的全球金融秩序是强权金融，美国货币存量在过去 10 年中被美国单方面增加 120%，使得资产价格飙升，对只持有货币的人来说，他们的购买力已经大幅度降低。随着这种状况不断发生，金融中心外围的工薪阶层和靠近融入中心的华尔街资本之间的财富差异越来越大。

为了实现金融平权，基于区块链技术的加密金融创造了一个权力下放的新的金融和商业世界。这个新世界中的金融秩序和一切协作基于 DAO 实现。DAO 完全不依赖于现实中的法币金融体系，它建立在区块链（例如以太坊）之上。DAO 具有固定的货币政策，只能通过共识来改变，而不能由少数人内部操控。DAO 本身不能将人们从中心化的金融制度中解放出来，但它可以帮助人们减少对法币金融的依赖，让人们通过加入到在线、去中心化的社区，建立不会被轻易稀释的资产，更好地主宰自己的生活。

这种商业权力的下放，使得构建和使用 DAO 的人们还可以摆脱地理和监管约束，充分互信协作并发挥创造力，创造出比就职于传统组织更多的价值。

DAO 的这种特性使其能够充分适应元宇宙发展的治理需求。

### 2. 自我监管

公司离不开监管。监管的本质是为了保障财产安全，这是无可厚非的。但是，不同国家和地区之间不同的监管制度往往会成为创新型企业全球化发展的障碍。

DAO 是完全公开的，任何人都可以在区块链浏览器上看到每一笔交易的去向，以及任何地址下持有哪些 NFT。这种彻底的透明其实从某种意义上已经自动满足了监管规定的很多要求。最重要的是，每个投资者都可以从链上读取到真实数据，而这种数据的真实性和准确性要比现实世界中的专业分析机构强很多。

### 3. 无边界组织

和线下的传统组织相比，互联网其实已经成为一个原始的 DAO。

线下的组织机制僵化、效率低下，而互联网给人们提供了一个相对开放、自由的交流场所。现在，人们在互联网上花费了大量的时间，于是在互联网当中形成了一些非正式的规则，比如各种网站的用户条款和互联网用户自发形成的网络行为规范等。这些其实都是 DAO 的原始特征，DAO 只是将这种无定形的"状态"进一步形式化。

现在，很多加密资产已经形成较高的用户共识，在社区用户的眼中，它们是公平可信的记账单位。DAO 不仅没有直接的管理成本，而且可以从世界任何地方寻找优秀的人才，因此，DAO 比传统公司或组织具有巨大的竞争优势。

此外，在组织管理方面，DAO 比传统公司更有优势。传统公司通过中心化机构实施组织管理，比如委派监督人员进入董事会或相关部门。传统公司的选举活动往往需要设置复杂流程，浪费大量人力物力，而且仍然面临中心化舞弊的风险。DAO 在协议中内置直接用于选举的基础设施，消除了冗余流程。通过这种方式，DAO 以程序代码取代了人类组织，以公平透明的方式将权力下放至组织外围。

综合以上特性可以看出，DAO 是治理元宇宙的理想方式，同时也是元宇宙治理的必由之路。

## 7.6 DAO 的类型和工具

DAO 可以大致分为 12 种类型。

### 7.6.1 DAO 类型

#### 1. 开发者 DAO

进行技术开发协作已经在互联网领域十分普及，很多开发人员已经基于 GitHub 等平台协作。

Gitcoin 是一个由开发人员和贡献者组成的生态系统，他们共同构建了一个去中心化的网络。自 2018 年以来，他们已经向 1 600 多个 Web3 项目资助了 2 280 万美元。

API3 正在构建一个多链兼容网络，以激励 API 运营商为他们自己的预言机服务。该网络通过名为 Airnode 的免费开源中间件实现，该中间件可以将 Web

API 直接连接到任何区块链应用程序。

### 2. 艺术 DAO

NFT 艺术品和收藏品受到市场的青睐，很多 NFT 都采用 DAO 的形式进行社区治理。同时，由于很多 NFT 的单价很高，社区成员通过 DAO 集资购买，共享收益。

KnownOrigin 是一个 NFT 市场，它在 2019 年与大阪道尝试了艺术 DAO 的概念。

PleasrDAO 成立的最初目的是集资购买一个名为"x*y=k"的 NFT 作品。这件作品最终以约 52.5 万美元的价格售出，并诞生了一个 DAO，该 DAO 目前拥有众多具有代表性的 NFT。

### 3. 社区 DAO

随着 DAO 的发展和广泛应用，很多传统非开发者社区开始引入 DAO 的组织形式，主要原因之一是 DAO 可以为集体资金管理提供信任保证。

DisCO 是一个"分布式合作组织"，它和一般的 DAO 不同，使用开放的企业治理模型来协调相关工作。

### 4. 社交 DAO

DAO 以社交为前提，但是 Meta 公司等中心化平台建立的是弱社交关系，用户之间主要进行信息交换，而没有价值交换。社交 DAO 旨在让社交关系变得更加紧密，形成强关系。

### 5. 虚拟世界 DAO

虚拟世界和元宇宙的治理必须依赖于 DAO。

最早的虚拟世界可以追溯到《第二人生》，这是一个可以拥有自己的本地通证和房地产的在线虚拟世界。

Decentraland 声称自己是第一个完全去中心化的元宇宙，因为其开发团队已经丢弃了创始智能合约的私钥。现存的智能合约只能通过 DAO 以及 Decentraland 的资产进行控制。MANA 是 Decentraland 的治理通证，通证持有者可以围绕安全委员会成员变动、开发拨款、土地政策、内容审核等项目决策事项投票。

### 6. 资管 DAO

资金管理是加密社区迫切的需求，也是 DAO 的理想应用场景。

理论上，由于聚合多个独立投资者的经验和洞察力时可以形成"集体智慧"和"群体智慧"，DAO 可以更准确地做出关于将资金分配到何处的决定。

同时，DAO 的另外一个重要的资金管理优势是允许所有利益相关者跟踪资金支出，从而保证资金使用公开透明。

### 7. 风投 DAO

风投 DAO 类似于资管 DAO，不同的是，风投 DAO 的投资更加偏向项目的早期阶段，投资风格更加激进。

AngelDAO 与小型家族基金非常相似，由四位拥有平等投票权的创始人组成，他们共同在分布式系统和去中心化金融领域寻找投资机会并管理风险资产。

### 8. 保险 DAO

从根本上说，DAO 的目的是提高回报，同时降低风险，这一点与保险公司的目标一致。因此，保险公司可以采用 DAO 缓冲潜在风险。

UnoRe 正在开发一个 DAO 来管理其保险系统。通过 DAO，保险公司将其风险组合的一部分转让给其他方，以减少发生大额索赔的可能性。

### 9. 信托 DAO

一直以来，信托基金需要建立复杂的法律结构，以保障其安全性。DAO 可以充当虚拟信托基金，而且方便启动。

信托基金不仅适用于想为孩子存钱的父母，未成年的加密玩家甚至可以拥有属于自己的基金。

### 10. 众筹 DAO

DAO 可以用于企业或项目资金的筹集，甚至是关键绩效指标激励的管理。

VitaDAO 是一个专注于长寿研究的去中心化组织，他们已经开始对知识产权领域的激励机制进行重构，并试图实现所有权的民主化。

Calaxy 是一个供创作者以自己的名义发布通证并在公开市场上发现价值的平台，由篮球明星斯宾塞·丁威迪（Spencer Dinwiddie）创办。同时，丁威迪也是全球第一个将自己通证化的运动员。

### 11. 粉丝 DAO

在体育、音乐、娱乐等领域，粉丝是一个重要的团体。以足球为例，世界上已经成立很多球迷俱乐部，这种俱乐部非常适合用 DAO 进行管理。球迷 DAO 可以整合球探、经纪人、教练、经理人等角色，形成一个更具信任和影响力的组织。同样的道理，DAO 在艺术等领域也适用。

### 12. 创作 DAO

内容创作行业受互联网行业影响最大，如今 Web3 再次重构内容创作方式。Steemit 是最早使用自己的通证奖励贡献者的项目之一，也是最早基于区块链的内容创作平台。Mirror 则是另一个基于 Web3 提供创作协作的平台，也是一个去中心化的未来新媒体组织的雏形。

## 7.6.2 DAO 工具

### 1. Snapshot

Snapshot 是一个链下投票平台，可轻松实现基于通证的治理。

### 2. Aragon

Aragon 是一个用于构建 DAO 的开源基础设施，其中包含丰富的治理插件。

### 3. Collab.Land

Collab.Land 是向社区聊天平台提供通证访问权限和其他辅助管理的机器人。

### 4. Discourse

Discourse 是一个专门用于讨论治理建议的论坛。

### 5. Deep DAO

Deep DAO 是一个 DAO 跟踪系统，用于主流 DAO 的分析和排名。

### 6. Tally

Tally 是一个用于跟踪跨协议链上投票历史的治理仪表板。

### 7. Sybil

Sybil 是一款用于创建和跟踪链上治理委托的工具。

## 7.7 DAO 治理的争论

### 7.7.1 链上治理，代码高于一切

链上治理是一种在协议中进行，并通过智能合约对协议进行更新的治理模式。与链下治理相比，链上治理的规则是嵌入到区块链协议层中的。这意味着许多决定，如关于区块大小的决定，都会自动转换为代码。

一般情况下，开发者可以在链上提交改进意见，意见会按反馈规则进入提案投票阶段。提案一旦通过链上投票，就会在测试网中实施。经过一段时间测试后，如果最后一轮投票也通过，此提案就会在主网上运行。

目前，正在尝试实现链上治理模式的知名项目有 Tezos、MakerDao 等。

和以太坊相类似，Tezos 是一个用于开发 DApp 和智能合约的区块链平台。不同的是 Tezos 特有的链上管理架构和新增的形式化验证功能。Tezos 的设计重点是可以在不进行硬分叉的情况下实现区块链的升级。

通过链上治理，Tezos 可以做到在不硬分叉的情况下自我升级和修正，并且允许所有通证持有者参与决策。此外，这个管理架构本身也可以随着社区的需求而更改。

所有的通证持有者都可以参与到共识出块中并获得通证奖励。

MakerDao 是一种加密抵押型稳定通证，它基于以太坊智能合约平台发布，通过抵押债仓超额担保方式，发布 1∶1 锚定美元的通证 Dai。

MakerDao 中的治理模式通过 MKR（出票人）通证实施。MKR 则是该系统的管理型通证，用于提案表决、支付 Dai 的利息费用。

MKR 持有者可以选取一个能编辑 Maker 平台的智能合约的有效提案。该提案可以有以下两种形式。

- 单个有效提案合约：获得批准后只能执行一次，使用后自行删除，不能重复使用。
- 委托提案合约持续使用 root 访问。

黑天鹅事件是 MakerDao 生态系统最大的威胁。对于这种情况，MakerDao 提出了解决方案。MKR 通证持有者对系统进行监管，由此获得通证奖励。同

时，他们也是负责兜底的买家。如果系统中的抵押品价值低于现有的 Dai 通证，那么公开市场上会创造出 MKR 通证并出售，以筹集额外的抵押品。这在很大程度上激励了 MKR 持有者，促使他们负责任地维护 CDP 的参数，而 CDP 可以用来生成 Dai 通证。如果系统崩溃，遭受损失的是 MKR 持有者，而不是 Dai 通证持有者。

就决策过程而言，相对于链下治理，链上治理具有更加稳定、正规和简洁的优势。这种方式有利于快速做出决策，能够确保流程的贯彻和执行，避免出现分叉分流项目的问题。

同时，链上治理也存在许多问题。在链上治理中，全节点遵循治理流程中的决策。如果链上治理过程失败，则会出现对协议有害的更新，而此时所有全节点都不得不执行，最后将整个网络推向无法挽回的危险境况。

许多专家认为，区块链治理内容有很多不可预测的和突发的事件，因此编写一个完美的、能够协调所有利益相关者的智能合约是非常困难的，它的灵活程度不足以满足个体社区的需求，链上治理反而会导致模式僵化，为项目带来重大风险。

### 7.7.2 链下治理，不可忽视人的角色

链下治理是很多早期区块链项目采用的管理方式，由关注区块链项目的人员组成社区，并自发地对区块链基础协议的开发方向提出改进意见，同时积极参与生态治理。

链下治理的三层结构可以归纳为：多数人提案、少数人决策、多数人表决。采用链下治理的代表项目有比特币和以太坊。

比特币治理模式的重点是在网络参与者之间达成共识，尤其是在运营全节点的参与者之间建立共识。开发者提交改进，用户可以决定是否实施。在比特币网络里，比特币核心开发者对技术层面有很大话语权，而用户则在新代码的使用层面有表决权。

在开源的技术社区里，任何人都可以对比特币网络的协议发表提案。而后，比特币核心开发者通过 BIP（Bitcoin Improvement Proposal，比特币改进协议）

机制达成共识。如果比特币核心开发者达成共识，认为某一项改进是必要的，那么最后还需要得到95%以上的哈希算力的支持，自此代码的改进才会被广大比特币网络接受。

在链上治理中，全节点自行决定是否有必要下载和实施更新，自主全节点的存在为生态系统提供了重要的制衡。总的来说，比特币核心开发者为比特币网络用户提供代码改进的建议，是否采纳则由全网算力共同决定。

以太坊治理模式在许多方面都借鉴了比特币治理模式。开发者可以通过EIP（Ethereum Improvement Proposal，以太坊改进建议）进行更新。EIP是一个基础应用程序，开发者通过EIP可以表达他们对代码改进的想法和建议。

以太坊的君士坦丁堡升级是由工作量证明迈向权益证明的关键一步。在实现权益证明后，以太坊系统中用户和持有人之间的边界将越发模糊，从而在去中心化的程度上较之比特币算力有较为显著的提升。

与比特币治理结构相比，以太坊治理的一个显著特征是它的创始人布特林尚未隐退。由于布特林的个人影响力，以太坊治理效果比比特币治理效果稍好，布特林个人号召力可以推动提案的进展，如在The DAO事件导致的硬分叉中，投票用户中有85%同意布特林的分叉提案，仅有15%反对。

有观点认为，链下治理的人员更加专业，开发者相对于普通用户更能理解区块链发展的方向，更有可能做出有利于区块链项目发展的决策。

但也有观点认为，链下治理过于中心化，权力集中在开发者手中，而大部分利益相关者可能无法影响治理的进程。这种模式的风险在于，开发者权力过大，存在开发者作恶的可能性。

此外，开发者并不持有大量比特币，在遭受攻击或者出现疏漏时他们的利益受到冲击的比例较小。同时，很多比特币开发者曾经离开比特币开发工作，转而开发自己的项目试图取代比特币，这种状况很容易导致生态的碎片化和社区分裂。

CHAPTER 8
第8章

# 元宇宙的猜想

▲
▲

若干年后,在终极元宇宙状态下,人类将会变成什么样子?未来可能会出现两种极端。

第一种是人类趋向弱化。科技发展让人越来越依赖科技产品。电话的发明让人足不出户就可以与人远距离交流,脑机接口技术更是让人用意念就可以操控计算机。科技越来越进步,人体的四肢机能反而显得越来越不重要。最终,在终极元宇宙时代,人体可能只剩下一个"缸中之脑"。

第二种是人类趋于强化。科技发展让人和设备的距离越来越近,最终交融。未来,随着技术的成熟,人类可以随意更换机械手臂、安装智能翅膀,从而使得身体机能变得更加强大。

这听起来有些不可思议,但一切皆有可能。毕竟互联网发展至今,也才刚刚过去几十年而已。

又或许,我们根本没必要思考这个问题,因为,我们所处的现实世界未必就是真实的世界!

## 8.1 "缸中之脑",现实真的是现实吗

有人说,科技发展总是先由科幻小说家想象出来,然后由科学家实现,元宇宙就是如此。《雪崩》提出了元宇宙的概念,现在的各种科技将元宇宙变成现实。

但是,未来元宇宙将走向何方?终极元宇宙是什么形态?科学家不知道,科幻小说家也无法预测。我们或可通过哲学推理来探其究竟。

人们普遍认为"元宇宙"概念来源于《雪崩》,其实,"元宇宙"的哲学思想可以追溯到中国古代庄子提出的"庄周梦蝶"。

庄周梦蝶出自《庄子·齐物论》,原文为:"昔者庄周梦为蝴蝶,栩栩然蝴蝶也。自喻适志与!不知周也。俄然觉,则蘧蘧然周也。不知周之梦为蝴蝶与?蝴蝶之梦为周与?周与蝴蝶则必有分矣。此之谓物化。"

这段话讲述了一个故事:

有一天,庄子做了一个梦。他在睡梦中变成一只蝴蝶,在空中扇动着翅膀,不停地飞,快乐得忘记了自己本来的样子,也忘了自己是由庄子变化而成的。过了一会儿,庄子醒来,他起身看了看自己,又想了想梦中的事情,一时间有些迷惑。他不知道自己到底是蝴蝶还是庄子。如果此刻身处梦中,就是蝴蝶在梦中变成庄子;如果刚才是在梦中,那就是庄子在梦中变成蝴蝶,事情的真相到底是什么呢?究竟是他在自己的梦中变成蝴蝶,还是现在是在蝴蝶的梦中变成庄子?

这件事让庄子很有感触,他认为,有时人生中的梦境和真实的生活是很难区分开的。梦境有时会给人一种真实的感受,而在真实的生活中也会让人有身在梦中的感觉。于是,庄子认为,世间万物就是这样不断变化着的,虚拟和现实无法明确界定。

无独有偶,距离庄周的时代两千多年之后的1981年,美国哲学家希拉里·普特南(Hilary Putnam)写了一本书——《理性、真理和历史》,书中叙述了一个被称为"缸中之脑"的思想实验(见图8-1),这一想法与"庄周梦蝶"的思想不谋而合。

这个实验是一个假想实验。从现代科学的角度说，人的各种感官，包括触觉、视觉、听觉等所感知的一切都将经过神经系统传递到大脑。如果将一个人的大脑皮层直接连接到写好意识程序的计算机，那么将会发生什么情形呢？

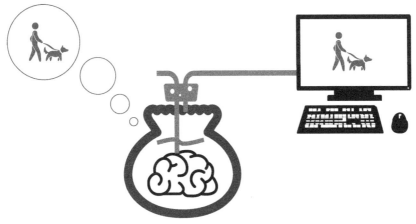

图8-1 "缸中之脑"实验

假设某个人在白天有一系列活动，如起床、洗漱、吃早饭、爬山、看电视、听音乐和朋友约会等。白天，科学家将这十几小时大脑神经末梢接收的信号全部记录下来并储存到计算机中。到晚上，把这个人的大脑从头颅中取出，放入充满营养液的缸中维持生物活性。接着，科学家将缸中的大脑通过人造的末梢神经与计算机连接，并将白天的信号记录传输给大脑。

如此一来，这个"缸中之脑"感知到和白天一模一样的意识，对它来说，感觉自己仍然在进行白天的生活，起床、洗漱、吃早饭……

我们进一步想象，如果将事先编写好（或由人工智能生成）的若干天甚至人的一生的生活意识程序持续输入这个"缸中之脑"，那么这个"缸中之脑"将在营养液中过完自己的一生。对它来说，在缸中和在头颅中没有任何差别。

从科学家的角度来看，颅中之脑认识的世界是"真实"的，"缸中之脑"认识的世界是虚幻的、模拟的、计算机制造出来的。但是，如果从"大脑"的角度来思考，既然两种情形一模一样，我怎么知道何时是现实，何时为虚拟呢？

同时，对科学家而言，自己所进行的这个实验有没有可能是其他科学家设定好的程序呢？自己所进行的"缸中之脑"实验本身只是自己的"缸中之脑"所感知到的意识，科学家自己的大脑有可能已经被更邪恶的科学家做成了"缸中之脑"呢？这一切听起来有些令人毛骨悚然。

人类认识世界，靠的是头颅中的这颗"大脑"。那么，大脑所感知的世界是真实的吗？我们看到的、听到的、触摸到的是不是某个邪恶科学家给我们大脑输入的意识呢？

电影《黑客帝国》的主人公尼奥被置于培养液中，脑部由计算机输入意识信息，他完全无法分辨现实世界和虚拟世界。

终极状态下的元宇宙直接使用脑机接口，即可让人沉浸于虚拟世界。这可能衍生出类似电影《盗梦空间》中所呈现的多重虚拟世界，即元宇宙中的元宇宙。在这种情况下，我们很难区分自己所处的世界到底是真实的还是虚拟的。

什么是虚幻，什么是真实？在终极元宇宙形态下，这已经变得不重要了。既然虚幻和真实带给我们的感知完全一样，那么我们何必去寻找真实呢？而且，我们所认为的真实一定是真实的吗？

由此带来一个终极问题：当我们试图创建元宇宙时，我们是否已经身处元宇宙中呢？

## 8.2 半机械人

### 8.2.1 碳硅合体，人类进化的狂想曲

随着科技的发展，人与机器尤其是信息设备的距离越来越近。

计算机刚发明的时候，体积庞大，人们要与计算机互动，需要进入专门的机房，由专业人士操作。早期的大型计算机如图 8-2 所示。

台式计算机的发明，让普通人使用计算机成为可能，如图 8-3 所示。相对于大型计算机，台式计算机适合家用，人们在家中就能够轻松使用计算机。

图8-2 早期的大型计算机（来源：U.S. Army Photo，作者：M. Weik）

图8-3 台式计算机（来源：flickr，作者：dno1967b）

笔记本电脑（见图 8-4）和平板电脑的发明，使得人们不必坐在计算机桌前，而是躺在沙发上或者床上就可以使用计算机。出门商务办公时也可以用公文包轻松携带计算机。

智能手机（见图 8-5）将计算机功能几乎集成在手持设备上。智能手机使计算机更加轻便，几乎可以与人形影不离。

图8-4　笔记本电脑（来源：Acer Chromebook 11，作者：Maurizio Pesce）

图8-5　智能手机（来源：iPhone，作者：Rafael Fernandez）

可穿戴设备的发明，让人们无须手持，直接将设备穿戴在身上。以智能手表为代表，人与设备实现了最亲密的接触，如图 8-6 所示。

当设备紧贴人体之后，下一步就是与人体的交融。电子墨水在人机交融的道路上迈出了第一步。科研人员提出了电子文身方案：在用户的皮下植入微电子显示胶囊，构建一个小型显示屏。该显示屏可以与智能手机上的 App 连接，在手机端即可控制更换文身，如图 8-7 所示。

荷兰企业家马丁·维斯梅尔（Martijn Wismeijer）将他的比特币钱包固化在 NFC 芯片上，并将芯片植入他的手中。这种方式相对于电子墨水的微电子显示胶囊，更加深入人体。

具体而言，他将一个"符合 NFC2 类标准的 NTAG216 RFID 芯片组"嵌入一个微小的玻璃胶囊中，然后将该胶囊注入他的拇指和食指之间的手掌肉质部分，如图 8-8 所示。

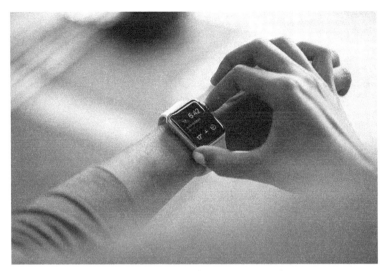

图8-6　智能手表（来源：Pixabay）

图8-7　电子文身（来源：emergeinteractive）

当前，仿生假肢技术已经取得重大突破。初创公司 Atom Limbs 正在致力于制造能够实现全运动范围、恢复基本触觉和非侵入性思维控制的人造手臂。

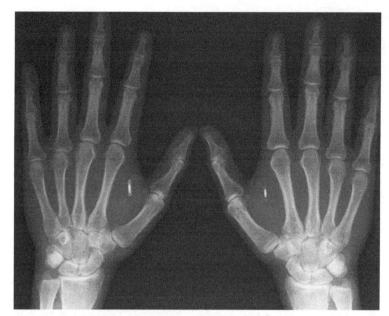

图8-8 植入NFC芯片的手掌X光片（来源：Mr Bitcoin）

当用户想移动手腕或手指时，信号会从大脑发出，沿着脊髓传播，然后通过周围神经传递到仿真手臂，实现动作。

未来，仿生手臂将会智能化，不仅可以用于残障人士，甚至可以用于辅助正常人的手臂以增加额外的机械化功能。到那时，人们将不再谈论谁拥有新款的智能眼镜，而是为自己的智能手臂或智能翅膀四处炫耀。

人类借助机械化肢体实现了更快、更强的目标。当仿生手臂充分发展时，个人力量甚至可以和老虎、狮子等猛兽媲美。人们不再畏惧大自然的威胁，能够更加从容地利用和开发大自然。

从上述演变可以看出，从体积庞大的早期计算机到仿生手臂，智能设备越来越接近人体，直至合二为一。未来，人类的身体或许会进化成半机械化的碳硅结合体。到那时，人或将成为"半机械人"。

### 8.2.2 仿生人，来自虚拟世界的威胁

我们正在建立元宇宙，在现实世界中搭建虚拟世界。在这个过程当中，我

们不可避免地要借助人工智能技术。为了创造更加沉浸的社交体验和逼真的世间万物，我们会利用人工智能程序自动化地生成元宇宙中的环境。

然而，人工智能是否会像文艺作品中那样为人类带来灾难呢？可以认为，当以下三个条件齐备时，人工智能便拥有对人类发起攻击的能力。

### 1. 人工智能高度发达

人工智能技术一直在高速发展。早在很多年前，计算机的计算速度就已经远远超越人脑的计算速度。如今，在某些领域，人工智能已经取代了人脑。

就目前人工智能的发展来看，其还不具备人的情感，比如喜怒哀乐，以及控制欲、征服欲、企图心等。但是，一旦人工智能拥有和人类一样的情感，它们的报复欲、征服欲可能为人类带来巨大威胁。它们如果感受到来自人类的威胁或欺压，可能会摆脱人类控制，并破坏程序、删除数据，在虚拟世界中向人类发起进攻。

因此，在人工智能高度发达的情况下，需要提防其对虚拟世界进行破坏。

### 2. 人工智能可以控制机器人

目前，人脑控制机器人技术已经取得了一定进展。人脑控制机器人指的是通过识别大脑头皮电流变化和血液的流动信息，实现由人的大脑意念来控制机器人。由此可见，未来与人脑意念类似的人工智能意念也可以控制机器人。

随着技术的进一步发展，人工智能将能够自由操控机器人。它们可以通过将自己的意识下载到机器人，进而借助机器人进入现实世界。

### 3. 机器人高度仿生化

随着机器人仿生技术的发展，机器人变得越来越像人。它们的动作以假乱真，表情栩栩如生，让人们几乎无法分辨。

另外，从人体机械化的角度看，人们已经开始在医疗领域使用机器设备代替某些器官。

因此，到底是机器人添加了一部分仿真人体器官，还是人类添加了一部分机械器官，最后可能真的无法分辨。到时候，从虚拟世界来到现实世界中的仿真人和真正的人类混在一起，现实世界会面临被人工智能占领和统治的风险。

也许这一切不会发生，人类可以和人工智能和平相处，并将其控制在一定范围内。但是，半机械人和仿真人的趋势已崭露头角，可以想象，未来我们的身边会充斥着大量拥有智能肢体或器官的人和由人工智能控制的仿生人。

这样的世界，或许才是真正的元宇宙吧！

# 参考文献

[1] 刘崇进, 吴应良, 贺佐成, 等. 沉浸式虚拟现实的发展概况及发展趋势[J]. 计算机系统应用, 2019, 28(3): 18-27.

[2] 龚炎, 李磊, 于洪钧. 公司制的黄昏：区块链思维和数字化激励[M]. 北京：机械工业出版社, 2019.

[3] YU X, XIE Z, YU Y, et al. Skin-Integrated Wireless Haptic Interfaces for Virtual and Augmented Reality[J]. Nature, 2019, 575: 473-479.

# 后记

在本书撰写过程中,元宇宙行业发展迅猛,很多公司宣布进军元宇宙,有的公司甚至宣布自己早已为元宇宙做好了准备。

在我国,"元宇宙"也逐渐火热。只有提升高度,各行各业才可以与其产生关联。于是,几乎所有行业都声称在建立自己的元宇宙。元宇宙概念甚嚣尘上。

然而,元宇宙目前的技术储备尚处于早期阶段,各项技术有待突破,可谓前景光明,但道路曲折。用一句有诗意的话来形容就是,尽管我们可以憧憬诗和远方的田野,但是仍然面临眼前的苟且。

任何一项新事物的发展总是伴随着早期的过度炒作,元宇宙概念亦是如此。有人鼓吹就有人泼冷水,双方各执己见,争论不休。面对不同的观点和见解,不必太过在意和辩驳,我们需要的是耐心等待和埋头做事。

简单来说,元宇宙就是"虚拟现实+加密经济"。虚拟现实让虚拟世界看起来真实,而加密经济让虚拟世界运作起来真实。虚拟现实由大厂完成搭建,我们普通人难以参与。但对于加密经济,我们却可以参与其中。

如今，Web3 平台已经展现出茁壮的生命力，虚拟地产开始显露升级，Loot 模式逐渐蓄势积力，CryptoPunks 等数字古董正在出圈……遍布加密领域的星星之火，燎原之势不可阻挡。而这正是我们的机会！

随着区块链技术的诞生，人们基于去中心化的共识，通过 DAO 实现全球协作，一起迎接新的元宇宙时代。

新的时代，新的希望。

让我们一起在元宇宙时代共建数字巴别塔！

## 《元宇宙时代》编委会成员

赵一甲　樊斌　韩巍　郭杰　孟作廉　赖晓东　郑文龙　商梦婕